VOTA Y VERás

Reflexiones de Pepe Mujica

Darío Klein

Syncretic Press

VOTA Y VERÁS. REFLEXIONES DE PEPE MUJICA
(original in Spanish)
VOTE AND SEE. A CONVERSATION WITH PEPE MUJICA
(English version)

Syncretic Press

Published by Syncretic Press, LLC.
PO Box 7401, Wilmington, Delaware 19803
www.syncreticpress.com
Direct all questions to info@syncreticpress.com

Text copyright © 2018 by Darío Klein
All rights reserved
Illustrations copyright © 2018 by Marcos Severi
All rights reserved

ISBN: 978-1-946071-19-4 (English version); 978-1-946071-18-7 (Spanish version)
LCCN #: 2018953790 (English version); LCCN #: 2018953789 (Spanish version)

Cover illustration: Marcos Severi - www.mseveri.com
Cover and interior design: Estudio Cactus - www.estudiocactus.com.uy

Managing editor: Enrique J. Morás.
Editors: Cecilia Blezio and Virginia Sandro.
Copy editors: Aida Altieri and Cecilia Blezio (Spanish version)
and Anna Wood (English version).
English translation from Spanish: Charlotte Whittle
(except UN and Rio speeches).
Photographer at the interview: Pablo Porciúncula.
Design advisor: Lucía Pittaluga

Printed in the United States of America

ÍNDICE

INTRODUCCIÓN

¿POR QUÉ ESTE LIBRO?

En la actualidad se observan, en muchos países del mundo, señales claras de un creciente escepticismo hacia la política y los gobernantes. Incluso se ven muestras de hastío o desconfianza hacia la democracia como forma de gobierno.

En Estados Unidos, los índices de participación electoral son preocupantemente bajos. Cuatro de cada diez ciudadanos habilitados para votar no participan en las elecciones presidenciales. De los seis que sí votan, tres votan en contra del presidente electo. En definitiva, el presidente llega al gobierno porque lo votan tres de cada diez ciudadanos. En las elecciones legislativas de *midterm*[1], estas proporciones son aun más alarmantes: seis de cada diez ciudadanos no participan y, de los cuatro que sí lo hacen, dos votan en contra del candidato elegido. En este caso, la Cámara de Representantes en su totalidad y un tercio del Senado responden a la "voluntad popular" de dos ciudadanos de cada diez.

Es evidente que hay un alto grado de desconexión entre la clase política, sus procesos de trabajo y las expectativas de los ciudadanos. A todo esto hay que añadirle la irrupción de las redes sociales y la consecuente atomización de las fuentes de información (y desinformación) utilizadas por la ciudadanía.

Es una época de mucho ruido, de saturación informativa y de un maniqueísmo simplista que linda con lo tragicómico.

---

1   Elecciones legislativas que se llevan a cabo a los dos años de las elecciones presidenciales. En estas elecciones se eligen los 535 miembros de la Cámara de Representantes y un tercio de los 100 miembros del Senado.

En este contexto y buscando hacer un aporte que anime a la participación en futuras elecciones, es que fuimos a buscar a José *Pepe* Mujica, que fue presidente de Uruguay durante el período 2010-2015. Mujica representa el silencio y la calma de la reflexión. El silencio y la calma que al ciudadano le cuesta encontrar y que son esenciales para poder pensar y ejercitar su poder. El poder del voto.

La conversación que tuvimos con Mujica en su chacra, fruto de la cual surgió este libro, busca aportar perspectivas sobre grandes temas como la democracia, la política, la libertad y la participación electoral.

A través de su experiencia como activista, revolucionario, preso político, legislador y presidente, Mujica ayuda a ver la política de una manera distinta. Nos invita a reflexionar sobre el poder que tiene el individuo cuando vota. Sobre el poder que pierde cuando no participa. Sobre la importancia de poder decir que uno, al menos, lo ha intentado.

EL PRESIDENTE MÁS POBRE DEL MUNDO

Uruguay es un pequeño país acodado entre dos vecinos gigantes: Argentina y Brasil. Un "paisito", conocido por su ganado vacuno, que produce algunas de las mejores carnes naturales del mundo; por sus futbolistas, como Luis Suárez o Edinson Cavani; por sus casi 600 kilómetros de playas ininterrumpidas; por Punta del Este. Y por José *Pepe* Mujica.

Mujica, el carismático líder uruguayo, fue bautizado por la prensa internacional, entre 2011 y 2012, como "el presidente más pobre del mundo", aunque en rigor no lo sea. Simplemente, por elección, no vive como viven la mayoría de los presidentes. Vive, dice él, "liviano de equipaje".

"Pobre —asegura— es quien precisa mucho". Y agrega: "Yo soy sobrio, no pobre. Vivo con poco, con lo imprescindible. No estoy atado al sostenimiento de cuestiones materiales. ¿Por qué? Para tener más tiempo. Más tiempo libre. Para poder hacer las cosas que me gustan. La libertad es tener tiempo para vivir".

Desconfía de lo material y del consumo. Dona su sueldo casi íntegro, porque dice que con el de su mujer les alcanza y les sobra hasta para ahorrar. "Yo tengo un patrón y una forma de vida que no la cambio por ser presidente. Entonces me sobra. A otros tal vez no les alcance, pero a mí me sobra".

Lee denodadamente, pero no tiene una gran biblioteca; cree que los libros hay que regalarlos para que otros los aprovechen. Se pone casi siempre la misma ropa, aunque ya tenga varios años de uso. Mientras no se rompa la sigue utilizando, y a veces incluso si está rota. Tiene un celular destartalado y viejo, que solo emplea para hablar por teléfono. Las noticias las lee en papel, religiosamente, y esa parece ser la única religión de este hombre que se define como ateo y amante de la naturaleza.

La suya es una vida de película. Sobre él se han escrito cientos de artículos y libros, traducidos a decenas de idiomas. Ha concedido entrevistas a los medios de comunicación más prestigiosos del mundo, y ha sido el protagonista de varios documentales y películas.

Casi 90 años vividos con toda intensidad que lo llevaron, de una niñez humilde y trabajadora, a la Presidencia de su país. En sus inicios participó activamente en política, hasta que en los años 60, cuando tenía 29 años, decidió hacer la revolución armada. Cofundó el Movimiento de Liberación Nacional-Tupamaros, una guerrilla urbana de izquierda. En 1970 fue acribillado a quemarropa: recibió seis balazos y sobrevivió de milagro.

Fue encarcelado, pero en 1971 se escapó. Fue una fuga cinematográfica: 110 presos se fueron en una noche por un túnel subterráneo. Pasó a ser una de las fugas más grandes de la historia.

En 1972 fue nuevamente capturado y ya no pudo escapar. Al año siguiente, una feroz dictadura derrocó al Parlamento de su país y se instaló en el poder durante los siguientes 13 años.

Mujica permaneció preso hasta 1985. Fueron 14 años de reclusión. Fue torturado salvajemente y estuvo la mayor parte del tiempo en absoluto confinamiento y soledad. La dictadura militar lo consideraba un "rehén", es decir, alguien que estaban dispuestos a ejecutar ante cualquier desliz de los tupamaros.

Durante su encarcelamiento la comida era escasa. Se enfermó de los intestinos y riñones. Su completa soledad lo llevó a escuchar, entre otras cosas, el ruido que hacen las hormigas. Descubrió que cualquier papel sirve para escribir y para leer, y que el tiempo que uno tiene de vida no puede ser desperdiciado.

Tras concluir el gobierno militar, en 1985, una amnistía le permitió salir de la cárcel. Al poco tiempo abrazó la democracia con la misma pasión y convicción con la que antes se había volcado a la revolución armada. Fue consecutivamente diputado, senador y ministro. Recorrió incansablemente el país, transmitiendo sus ideas y sueños, con su peculiar manera de hablar, lisa, llana y reflexiva.

Cuando su nombre surgió como precandidato a la Presidencia, en 2008, muchos creían que se trataba de una broma. Parecía imposible que Pepe Mujica, desaliñado y con su informal manera de ser, pudiera ganar una campaña electoral y llevar las riendas de un país. Pero él aceptó el desafío. Se arregló la dentadura, aceptó peinarse y arreglarse un poco. Sus asesores incluso lograron que por momentos se pusiera una chaqueta de vestir. También intentaron que llevara corbata, aunque eso nunca llegó a suceder. Cambió lo suficiente como para ahuyentar algunos temores y ganar las elecciones en 2009, con el 53% de los votos y mayoría parlamentaria para su partido, una coalición de izquierda, el Frente Amplio.

En marzo de 2010 asumió el cargo, con un discurso épico e histórico ante el Parlamento. En una guiñada del destino, fue su propia esposa y vieja compañera de lucha, la senadora más votada, Lucía Topolansky, quien le tomó juramento. El exguerrillero se convertía en presidente. Y, tal vez, en el presidente más popular de la historia uruguaya, tanto dentro, como fuera de fronteras.

Durante su mandato de 5 años, rechazó vivir en la tradicional residencia presidencial y permaneció en su chacra, una humilde casa a la que su rival electoral, de derecha, llegó a calificar de "cueva".

PAÍS DEL AÑO

La Presidencia de Mujica no fue menos apasionante ni cinematográfica que su vida hasta entonces. Se caracterizó por permanentes sorpresas, salidas de protocolo y transformaciones históricas para el país.

Revolucionó el ambiente político local e internacional con leyes que ampliaron los derechos individuales: la ley de despenalización del aborto, la ley de matrimonio igualitario (entre personas del mismo sexo), la ley de regulación y legalización del *cannabis*, que por primera vez fue producido y comercializado por el propio Estado.

Cuando Europa cerraba sus fronteras a los refugiados de la guerra de Siria y velaba en sus playas a niños que llegaban muertos, él decidió ir a buscar a esos niños y llevarlos a Uruguay, en un plan piloto de reasentamiento de familias sirias refugiadas. Cuando el expresidente Barack Obama le pidió ayuda para recibir expresos de la cárcel de Guantánamo, a la que quería cerrar, él aceptó recibirlos. También intentó intermediar en el proceso de paz que llevó adelante el gobierno colombiano con la guerrilla de las FARC. Dio discursos con lecciones de vida, contra el consumismo y en defensa de la libertad, de la vida y del medioambiente en distintos foros globales, que fueron reproducidos hasta el hartazgo en Youtube y las distintas redes sociales.

Visita de Mujica al presidente Barack Obama en la Casa Blanca en 2014. *(BRENDAN SMIALOWSKI/AFP/Getty Images)*

En 2014, fue postulado para el premio Nobel de la Paz por la ONG holandesa Drug Free Institute, por ciento quince profesores de la Universidad alemana de Bremen, por la bancada de diputados del Frente Amplio y por el expresidente soviético Mijaíl Gorbachov, quien lo definió como un "ejemplo vívido del valor de los valores".

Ha sido elogiado por personalidades internacionales del más diverso origen y, bajo su mandato, en el año 2013, *The Economist* declaró a Uruguay "el país del año" por sus reformas que "podrían beneficiar al mundo".

CASA PRESIDENCIAL: LA CHACRA

La casa en la que vive Mujica, y en la que siguió habitando mientras fue presidente, está ubicada en una zona rural de Montevideo. Toda la casa es, probablemente, más chica que el dormitorio de la mayoría de los presidentes del mundo. Consta de una cocina, un baño, un pequeñísimo *living* en el que apenas caben una mesa para dos personas, una biblioteca y un escritorio, y el dormitorio. En total son unos cincuenta metros cuadrados, con techo de chapa verde, un alero al frente y pintura descascarada y decolorada por el tiempo, la humedad y la lluvia.

Es una casa acogedora, pero que invita más bien a estar afuera, en contacto con la naturaleza. Alrededor puede verse un aljibe, decenas de arbustos y árboles autóctonos, como la lavanda, el palo borracho y el ceibo.

Visita de Juan Carlos I, rey de España, a la chacra de Mujica y de su esposa, Lucía Topolansky (izq.), en 2015. *(Pool/Corbis/Getty Images)*

También hay un banco reciclado, hecho con tapas de refrescos. Ese banco se volvió famoso, porque allí Mujica hizo sentarse al rey de España, mientras le explicaba, otra vez, que él no era pobre y que "pobres son los que necesitan mucho", como el propio rey. "Tú no puedes entenderlo porque tuviste la desgracia de nacer rey", le espetó, ante la risa nerviosa del monarca.

Hay dos galpones a pocos metros de la casa donde guarda los tractores junto a su "Fusca" o "Escarabajo" azul, VW modelo 1987, con el que, durante su Presidencia, se desplazaba fuera de la chacra cada vez que podía escapar de las tareas protocolares.

La chacra, además, está habitada por varios perros, gatos y gallinas. Pero la mascota más conocida de todas es Manuela: la perra de tres patas que lo acompaña hace años y que al momento de escribir este trabajo todavía vivía, aunque estaba sorda, ciega y ya no podía caminar sola.

Mujica y su esposa no tienen servicio doméstico alguno, ni aparatos de confort como lavavajillas o secarropa. Su esposa, la

Mujica en su Volkswagen 1987 tras la ceremonia de entrega mando en 2015. (*MARIO GOLDMAN/AFP/Getty Images*)

actual vicepresidenta, Lucía Topolansky, insiste en que ellos pueden con todo: lavar los platos, la ropa, cocinar y limpiar la casa. No es extraño verlos colgar la ropa, o prepararse la comida antes o después de una entrevista.

LA RIQUEZA SE MIDE EN CANTIDAD DE TIEMPO LIBRE

La expresión "vivir liviano de equipaje" es una idea recurrente en las charlas con Mujica. Su filosofía de vida es simple: "Cuando tú compras algo lo estás comprando con el tiempo de tu vida que tuviste que gastar para obtener ese dinero. Quiere decir que cuando tú gastas, en el fondo lo que estás gastando es tiempo de vida que se te fue. Cuando yo te planteo la sobrie-

Mujica frente a la casa en su chacra. (*MARIO GOLDMAN/AFP/Getty Images*)

dad como una manera de vivir, lo que te planteo es la sobriedad para tener más tiempo, la mayor cantidad de tiempo posible para vivir la vida de acuerdo con las cosas que a ti te motivan, que no necesariamente son las del trabajo".

Mujica pregona un mundo en el que las obligaciones y el consumo no controlen todo nuestro tiempo y en el que la gente trabaje para vivir y no viva para trabajar. Pero tal vez su planteo se parezca mucho a una utopía, como las que él mismo abrazó de joven. Contrariamente, el mundo en el que vivimos parece ser cada vez más materialista, consumista y superficial. Un mundo en el que el ser humano parece valer más por lo que tiene que por lo que es. Un mundo en el que los padres de familia sacrifican el tiempo con sus hijos, a cambio de objetos de consumo o actividades extracurriculares. "Y de lo que no se dan cuenta es de que mientras trabajan para que no les falte nada a sus hijos, lo que les falta a los hijos son ellos mismos", dice Mujica, una y otra vez, a quien lo quiera escuchar.

La felicidad para Pepe Mujica es pensar, hacer política, cultivar flores, mimar a su perra, leer y manejar un tractor.

Hoy su vida gira en torno a su chacra, las reuniones de su partido, algún acto político y el Parlamento, donde Mujica ocupa una banca como senador. Pero pese a su popularidad, pretende que su vida y sus costumbres no cambien. A pesar del poder, quiere seguir siendo uno más. Cuando era presidente, no era raro encontrárselo comiendo en algún bar del centro de Montevideo, sin que nadie lo molestara demasiado, más que para tal vez pedirle una foto o sacársela a escondidas.

En el mundo del consumismo y de la corrupción política, el discurso austero de Mujica, apoyado por la coherencia de su vida, ganó adeptos.

Sus ideas y esa inusual forma de vida llevaron a que artistas, periodistas, mandatarios y ciudadanos del mundo entero quisieran conocerlo. Su figura y su coherencia lo elevaron a la categoría de mito viviente. Su secretaria contabiliza cientos de entrevistas brindadas a periodistas de los cinco continentes, además de una columna en video que se emite cada dos semanas en la cadena alemana Deutsche Welle y en su web.

Mujica cosechando flores en su chacra. *(PABLO PORCIÚNCULA)*

Las entrevistas con Mujica son siempre una sorpresa. Cuando puede, el expresidente dedica su tiempo a quien lo visita y gusta invitar a sus huéspedes con una copa de lo que tenga a mano: whisky, ron, vino, un bocado de lo que esté cocinando o, como mínimo, agua caliente para el mate.

En un mundo uniforme, José *Pepe* Mujica defiende ideas diferentes. En un mundo de ostentación, consumo y búsqueda del éxito, él pregona la sobriedad, la amistad, el cuidado del planeta y del tiempo con uno mismo.

MARIHUANA LEGAL

Una de las leyes promulgadas durante la Presidencia de Mujica que más impacto causó fue sin duda la de legalización de la marihuana. Se trató de una ley pionera en el mundo, porque consistió en una regulación total por parte del Estado: desde la semilla a la venta.

La reglamentación ofreció cuatro aspectos concretos para la obtención del *cannabis*: el autocultivo, los clubes cannábicos, el *cannabis* medicinal y el *cannabis* recreativo producido y comercializado por el Estado a través de farmacias. Se creó un registro encriptado de consumidores, y cada residente en Uruguay debió elegir qué forma de acceso al *cannabis* prefería. En todos los casos, la cantidad es limitada, calculada para un consumo individual, para evitar la creación de un mercado negro.

Acompañando la reglamentación, se empezó a emitir una campaña de propaganda alertando sobre las consecuencias negativas del consumo y desalentando su uso. El aviso termina aclarando que "la regulación de este mercado significa decirle: «no al narcotráfico», «no a las bocas de venta», «no al lavado de dinero», «no a la criminalización del usuario», «no a la violencia». Regular es ser responsables. Regulando mejoramos la salud pública, reduciendo los riesgos y daños asociados al consumo".

Para Mujica lo que él hizo no fue legalizar, sino regular algo que ya existía "delante de nuestras narices, en una esquina, en las puertas de los colegios". "Uruguay intenta experimentar a favor del mundo sin ofender a nadie"[2].

Según él, se trataba de una medida casi desesperada para intentar combatir la violencia inusitada del narcotráfico, y los estragos que estaba produciendo en Uruguay una droga barata, muy adictiva y nociva: la pasta base de cocaína, similar al *crack*.

La idea de legalizar las drogas como forma de combatir sus peores consecuencias la empezó a gestar

---

2   Mauricio Rabuffetti. *José Mujica. La revolución tranquila.* México: Aguilar. 2014.

cuando estaba en la cárcel. Fue su compañero, Eleuterio Fernández Huidobro, con quien compartió horas aciagas en calabozos mugrientos y traslados a falsas ejecuciones, el que primero le habló del concepto de legalizar aquello que se quiere combatir, una estrategia que pondrían a prueba décadas después[3].

Latinoamérica ha sido regada en sangre por la violencia del narcotráfico y la guerra contra las drogas. La iniciativa de Mujica pretendía precisamente combatir ese flagelo, de una manera pacífica: atacando la economía de los narcos.

Su idea fue refrendada por el Parlamento uruguayo, que la votó en las dos Cámaras, no sin antes ser sometida a un fuerte debate. "Alguien tiene que tener la valentía para llevar adelante una propuesta para romper con cuarenta años de derrota. Porque la derrota del prohibicionismo la vemos en el crecimiento del consumo de las sustancias ilegales y en el crecimiento del poder del narcotráfico", argumentó en aquel momento un diputado del mismo grupo político de Mujica.

INTERRUPCIÓN VOLUNTARIA DEL EMBARAZO

La otra iniciativa que puso a Mujica en el candelero mundial fue la ley que despenalizó el aborto. Una ley que convirtió a Uruguay en el primer país latinoamericano en permitir un control médico sobre esta práctica que en la mayoría de los países se realiza clandestinamente.

Los estudios indicaban que se estaban realizando unos 30 mil abortos por año, en un país de poco más

---

3   Ídem.

de tres millones de habitantes. Existían datos sobre una elevada tasa de mortandad de madres durante estos abortos ilegales. Al día de hoy, y desde la aprobación de la ley en 2012, el número de abortos está en torno a los 10.000 por año, y la mortalidad materna es la segunda más baja de América, después de Canadá.

Mujica siempre afirmó estar filosóficamente en contra del aborto: "¿Quién va a estar a favor del aborto? La cosa es de sentido común. Creo que nadie puede estar a favor del aborto. Es cuestión de principios". Pero explicó también por qué, pese a pensar así, estaba a favor de la ley que lo despenalizaba: "Hay un número de mujeres en toda la sociedad que se ve en la amargura de tener que tomar esa decisión contra viento y marea. Porque la familia no la entiende, por soledad, por avatares de la vida. Y ese mundo vive en la clandestinidad. Y a esa mujer la explotan y se juega la vida. Reconocer la existencia de ese hecho, ponerlo arriba de la mesa legalizándolo, nos da la oportunidad de poder obrar persuasivamente sobre la decisión de esas mujeres. Y si es una cuestión económica, una cuestión de soledad, una cuestión de angustia, los hechos demuestran que muchas mujeres, si se sienten apoyadas, lo reconsideran. Así se pueden salvar más vidas. Lo otro es dejarlas aisladas en medio de su drama. Es hipócrita. Tenemos que hacernos cargo".

Encuentro con el papa Francisco en el Vaticano.
(Portal de Presidencia de la República Oriental del Uruguay)

En Uruguay, donde la salud es un derecho público, se da la peculiaridad de que los abortos son realizados por el propio sistema de salud estatal. También existe una singularidad en su reglamentación: la mujer que aborta legalmente se presenta ante un panel de apoyo compuesto por un médico, un psicólogo y un asistente social, quienes le dan a conocer, además de la interrupción del embarazo, otras alternativas, como la de dar el bebé en adopción. Luego, la mujer tiene cinco días para reflexionar y tomar una decisión. Durante este proceso, también se educa a la mujer sobre métodos anticonceptivos a futuro. Esta educación ha repercutido en la tasa de repetición, actualmente en torno al 5%, muy positiva si se compara con las tasas de más del 30% de Holanda, Francia o España, o de más de un 50% en Estados Unidos.

MATRIMONIO ENTRE PERSONAS DEL MISMO SEXO

Durante su gobierno, Mujica también decidió igualar los derechos matrimoniales de las parejas homosexuales a los de las heterosexuales.

El proyecto de ley fue presentado en 2011. La llamada Ley de Matrimonio Igualitario fue sancionada por Mujica 18 meses después, tras el tratamiento y aprobación en el Parlamento.

Desde un principio se reconoció la importancia y el valor de Mujica al dar este paso. Incluso el Premio Nobel de Literatura Mario Vargas Llosa escribió: "El matrimonio entre personas del mismo sexo, ya autorizado en varios países del mundo, tiende a combatir un prejuicio estúpido y a reparar una injusticia por la que millones de personas han padecido (y siguen padeciendo en la actualidad) arbitrariedades y discriminación sistemática, desde la hoguera inquisitorial hasta la cárcel, el acoso, marginación social, y atropellos de todo orden"[4].

Una de las novedades de esta ley que, al igual que las otras, fue pionera en América Latina, es que permite que cualquier pareja −homosexual o heterosexual− elija el orden de los apellidos de sus hijos. Así, esto igualó también en derechos a mujeres y hombres en cuanto a la elección del apellido de los niños.

SOLIDARIDAD CON LOS REFUGIADOS

En abril de 2014, cuando el mundo entero se escandalizaba por la crisis de millones de refugiados de la guerra de Siria, Mujica volvió a llamar la atención con una iniciativa inusitada: no solamente por abrir las puertas del país a refugiados sino por ir a buscarlos. Ordenó crear un plan de reasentamientos de niños huérfanos de la guerra de Siria.

El exmandatario planteó por primera vez esa idea durante un mensaje radial. Y lo propuso a modo de pregunta: "Le quiero hacer una pregunta sencilla al pueblo uruguayo. Todos vemos televisión por todas partes, y una cosa que realmente impacta es la cantidad de niños abandonados que están en esos campos de refugiados alrededor de Siria. ¿No podremos hacernos cargo como sociedad, no tendremos voluntad de recoger a un puñado de esos niños? ¿Ofrecerle al mundo una mano? ¿No valdrá la pena que en nuestra sociedad levantemos un poco la cabeza y seamos capaces de intentar siquiera socorrer en algo a los niños por ahí abandonados, que están quedando como costo de una formidable guerra que al parecer está muy lejos de tener solución? (...) A lo me-

---

4   "El ejemplo uruguayo". Mario Vargas Llosa. Columna en *El País* de Madrid, 29 de diciembre de 2013.

jor estoy equivocado. O a lo mejor el alma de mi pueblo está ahogada por la sociedad de consumo, por los intereses. Tal vez piensen que no. Pero me bulle la cabeza y de alguna manera le quiero hacer una consulta a mi pueblo"[5].

Una vez hecho el planteo, las autoridades del gobierno pusieron manos a la obra. El problema fue que la ONU, a través de su agencia de refugiados ACNUR, no podía enviar niños solos, por más refugiados que fueran, a ningún país. Era algo ilegal. Cuando le explicaron este inconveniente, la contraorden de Mujica fue: entonces que vengan familias, pero con muchos niños.

Encuentro con la canciller alemana Angela Merkel.
(Portal de Presidencia de la República Oriental del Uruguay)

Lo que pretendió Mujica con esta iniciativa, más que salvar a algunos refugiados, era dar el ejemplo. Uruguay es un país pequeño, no muy rico, explicaba, pero hay países ricos que podrían hacer mucho más que nosotros. Esta era, según él, una forma de encender una llama en América Latina. "Si la humanidad no puede hacer nada por evitar la guerra, la humanidad debería al menos hacer algo por mitigar las consecuencias", dijo en una entrevista.

5   Mensaje radial de Mujica del 29 de abril de 2014.

PRESIDENTE POBRE DONA LO QUE GANA

Una más de las peculiaridades de Mujica es que durante su Presidencia donó la casi totalidad de su sueldo. ¿A quién dona su salario este presidente "pobre"? Cerca de un 20% lo entrega a su grupo político, para ayudar a financiarlo, práctica común en todos los integrantes de su sector que ocupan cargos de gobierno. Pero la mayor parte del dinero la entrega a dos obras que para él son importantes: el Plan Juntos y una escuela agraria.

La escuela agraria, que funciona dentro de la red estatal de escuelas secundarias, se instaló dentro de un enorme galpón reciclado, en los terrenos de su chacra, y se financió en gran medida con su dinero.

El Plan Juntos se llevó la mayor parte de su salario de presidente (de unos 150.000 dólares anuales). Se trata de una iniciativa para construir viviendas para los más desfavorecidos de la sociedad. A ese plan le entregó más de 400.000 dólares.

Pero él siempre pretendió que el Plan Juntos fuera algo más que suyo. Al igual que con el plan de reasentamiento de familias sirias, su principal objetivo era servir de ejemplo. De ejemplo, en este caso, para que sus propios compatriotas se sumaran con sus propias donaciones. Mujica pretendía que el Plan Juntos se financiara con el dinero de cientos, miles, millones de otros uruguayos. Más que construir casas, él siempre planteó que lo que más le interesaba era el sistema comunitario para cons-

Reunión de Mujica con el presidente ruso Vladimir Putin.
(Portal de Presidencia de la República Oriental del Uruguay)

truirlas, que fueran las propias familias las que construyeran sus viviendas con la ayuda de voluntarios o de funcionarios del propio Estado.

Para Mujica, la clave era que las personas salieran de la pobreza con su propio esfuerzo, no solo dándoles dinero, sino fomentando su trabajo e iniciativa. No se trata de un plan de financiamiento, sino de un proyecto que promueve el trabajo para acceder a la vivienda.

Encuentro con miembros de la banda portorriqueña Calle 13.
(Portal de Presidencia de la República Oriental del Uruguay)

MUJICA MUNDIAL

A fines de 2013, en el ecuador de la Presidencia de Mujica, *The Economist* declaró a Uruguay "el país del año". Según la influyente revista británica, este país estaba mostrando el camino a seguir por el resto de la humanidad.

"Los logros que más elogio merecen, creemos, son las reformas que abren nuevos caminos que no solo mejoran a una nación sino que, de ser emuladas, podrían beneficiar al mundo. El matrimonio entre homosexuales es una de esas políticas que cruzan fronteras, que han aumentado la felicidad humana en el mundo sin costos financieros.

Encuentro con miembros de la banda Aerosmith.
(Portal de Presidencia de la República Oriental del Uruguay)

Algunos países la implementaron en 2013, incluyendo a Uruguay, que además, fue el único en aprobar una ley para legalizar y regular la producción, venta y consumo de *cannabis*", resumía *The Economist*, al argumentar su decisión. "Este es un cambio tan obviamente sensible que agota los cultivos y permite a las autoridades concentrarse en crímenes más graves, (algo) que ningún país ha hecho. Si otros lo siguieran, y otras drogas fueran incluidas, el daño que ellas producen en el mundo sería sensiblemente reducido", agregaba el editorial[6].

Finalmente, *The Economist* elogiaba al autor de la medida: "con inusual franqueza para un político, se refiere a la nueva ley como un «experimento»". Y concluye, laudatorio: "Vive en una humilde granja, va al trabajo en un escarabajo y viaja en económica".

A los elogios al expresidente uruguayo se sumaron otros medios, como el *Huffington Post*, que indicó que Mujica "desborda sabiduría". En el mismo artículo eligió diez citas del presidente que consideró conmovedoramente sabias. Estas son algunas de ellas:

Reunión con el actor Sean Penn, embajador itinerante de Haití para las cuestiones humanitarias. *(Portal de Presidencia de la República Oriental del Uruguay)*

"Una cosa es la pobreza que mides con los números y otra la que está en la cabeza. Si no apuestas al cambio cultural, el cambio material sirve de poco"; "A los que les gusta mucho la plata hay que correrlos de la política. Son un peligro"; "La humanidad que yo sueño es esa

---

6   "The Economist country of the year. Earth got talent". 21 de diciembre de 2013.

en la que cuando doy la palabra, la palabra es un documento, y cuando doy la mano, es un contrato"; "No se dejen robar la juventud de adentro. La de afuera inevitablemente se la lleva el tiempo. Pero hay una juventud peleable, territorio adentro, mirándonos hacia nosotros mismos, y está unida a una palabra muy simple y muy pequeña: solidaridad con la condición humana"; "Cuando tú compras algo con dinero no estás pagando con dinero, estás pagando con el tiempo de tu vida que tuviste que gastar para obtener ese dinero"; "La única adicción saludable es el amor"[7].

En las siguientes páginas, José *Pepe* Mujica, con su ya conocida austeridad, nos ayuda a reflexionar sobre la vida y sobre las cosas que realmente importan. Nos habla sobre el peligro del consumismo, sobre la importancia de los afectos, lo irreversible del paso del tiempo y lo milagroso que tiene el simple hecho de estar vivos.

Sin buscar dictar respuestas ni ser dueño de la verdad, Mujica tiene la virtud de hacernos pensar. Leyendo sus reflexiones es difícil no acabar con la convicción de que vale la pena pelear para tener un mundo mejor.

DARÍO KLEIN

---

7   https://www.huffingtonpost.com/2014/03/14/mujica-quotes_n_4965275.html

REFLEXIONES DE MUJICA

Nuestra conversación en la chacra

---

* Libertad

* Democracia

* Ideología

* Política

* Participación electoral

* Grandes temas

Mujica el día en que se realizó la entrevista para tratar los temas que aborda este libro. *(PABLO PORCIÚNCULA)*

LIBERTAD

LA LIBERTAD SIGNIFICA TENER TIEMPO

Empecemos por decir que el hombre puede, hasta cierto punto, manejar el rumbo de su vida. Esto incluye el concepto de libertad y tal vez sea importante definir qué se quiere decir con la palabra libertad. En ocasiones el concepto aparece como algo de los tiempos de la Revolución Francesa, una palabra altisonante, abstracta. Pero hay que bajarla al piso: desde el punto de vista del individuo, de la persona, la libertad significa tener tiempo para hacer lo que a uno lo motive. Naturalmente, para unos será una cosa y, para otros, otra. Por eso es libertad, porque está sometida al libre albedrío de cada uno. Significa tiempo que no lo gasto en una obligación, es tiempo libre que lo gasto en eso que a mí me gusta hacer. De repente es pescar, de repente es jugar al fútbol, de repente es otra actividad. Libertad significa gozar de tiempo en el que uno decide la manera en que lo gasta. No incluye el tiempo en el que estoy sometido a la ley de las obligaciones.

En sociedades como esta, el hombre corre el riesgo de vivir su vida como un agente comprador y nada más. Esto no quiere decir que no haya que comprar nada, no se puede vivir del aire; quiere decir que tenés que liberarte de esa esclavitud. Comprás lo necesario para vivir, pero hacés también otras actividades. La felicidad no es una cuestión material. Necesitar poco es el camino más corto para tener libertad, para tener tiempo disponible para gastarlo en lo que a uno le gusta o le apasiona. A veces pueden ser los afectos, la relación con la familia,

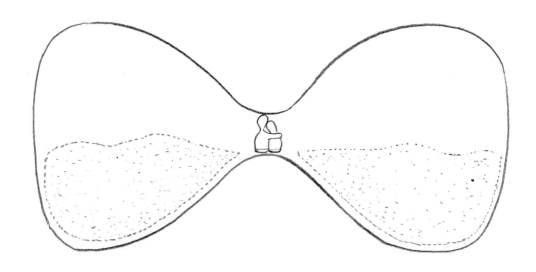

Severi

con los hijos… A veces, dedicar tiempo a un arte, una artesanía, un deporte…

NO COMPRAS CON DINERO, SINO CON TU TIEMPO

Cuando tú compras algo, ¡no te equivoques!, estás comprando con el tiempo de tu vida que tuviste que gastar para tener ese dinero. En el fondo lo que estás gastando es tiempo de vida. La gente está metida adentro de una gigantesca telaraña que es la sociedad de consumo, que está montada en función de la acumulación. Hay que darse cuenta de esto. La gente acaba con muchas cosas materiales pero sin libertad y con poco tiempo para los afectos. La gente acaba afectivamente pobre.

Cuando la gente está sometida al imperio de la necesidad, tiene que gastar mucho tiempo trabajando para poder hacer frente a las deudas. Ves gente que pasa horriblemente mal: familias que se deshacen y que, a la vez, tienen dos o tres coches nuevos, una casa enorme y esto y lo otro… Y yo digo, "¡pero están locos!". Están llenos de *cacharros* inútiles y no tienen espacio ni tiempo para

> *La gente acaba con muchas cosas materiales pero sin libertad y con poco tiempo para los afectos.*

quererse. No tienen tiempo para andar *al pedo*, no tienen tiempo para tirarse abajo de un árbol… ¡No tienen tiempo! Uno anda enchufado en un mundo, el otro anda enchufado en otro mundo y terminan desenchufados el uno del otro. El mundo de los afectos es importantísimo y hay que dedicarle tiempo: tiempo con los hijos, tiempo con la pareja, tiempo con los amigos…

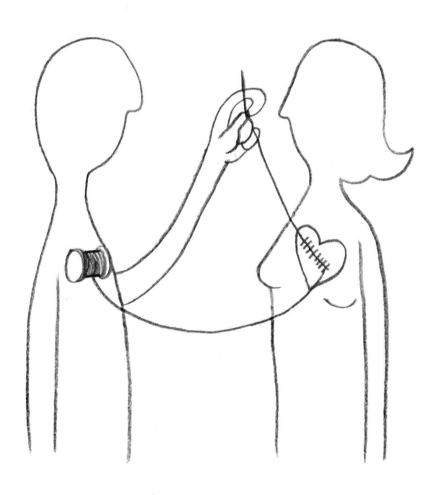

A veces uno escucha a un padre o una madre diciendo: "Yo no quiero que a mi hijo le falten las cosas que me faltaban a mí", ¡pero le faltan ellos! Entonces tienen al hijo lleno de cacharros que no necesita, y lo mandan que vaya a estudiar esto y lo otro... ¡Pero no tienen una hora para salir con él porque nunca tienen tiempo! ¿Y quién les dijo que el hijo precisa más los cacharros que a ellos mismos?

Eso pasa todos los días y por todos lados. La pobre criatura moderna tiene que tener dos o tres laburos porque no le da, y sale de mañana y llega de noche, y dale y dale... Bueno, el ser humano no funciona bien de esta manera. Vamos a tener que repensarlo un poco.

Para asegurarse algo de libertad no hay fórmula. No te lo va a arreglar ningún gobierno, no. Esto es un problema de cultura, un problema cultural. Cuando al tiempo lo tengo que transformar en dinero, porque tengo que pagar y pagar, entonces me doy cuenta de que al tiempo se lo lleva el mercado. De esto hay demasiado en la sociedad contemporánea y creo que la cultura debe cumplir un papel para atajar este problema. La liberación es un problema de cultura, la cultura tiene que ser funcional y asegurar la libertad. No se trata de la libertad en un mundo utópico, cuando no existan más clases sociales, etc. No, no, no. Se trata de la cultura como herramienta para la libertad, como una herramienta que le sirve a la gente para vivir hoy y tener una vida más plena. Yo llegué a esta conclusión porque estuve 13 años tirado adentro de un calabozo, muchos años en que me sentí contento la noche que me ponían un colchón.

> *Cuando al tiempo lo tengo que transformar en dinero, porque tengo que pagar y pagar, entonces me doy cuenta de que al tiempo se lo lleva el mercado.*

Tuve tiempo de revisar y de pensar todos estos temas. Posiblemente soy un caso raro. Si yo no hubiera vivido eso no sé si pensaría así.

NO POR TENER CRECIMIENTO ECONÓMICO VAMOS A VIVIR MÁS FELICES

Uno de los peores defectos que tiene la política contemporánea es que solo se preocupa del crecimiento de la economía y no se preocupa de la felicidad de la gente. ¡No se preocupa de la felicidad, nada más ni nada menos! ¿Qué te parece? Nos preocupa el crecimiento del PBI, y parece que el aumento del PBI es homólogo de la felicidad, si tenemos más PBI vamos a vivir más felices. ¡Lo quiero ver a eso! Habría que discutirlo. Porque si vas a Hong Kong y mirás aquello decís "¡la puta, qué progreso que tiene esta gente, qué PBI!". Pero yo no sé si quiero vivir así...

No sé si es que a la política la gobierna gente muy madura y se olvida de su juventud, o hay una especie de pudor. Pero la felicidad no parece formar parte del discurso. No hay preocupación de que la gente tenga tiempo para cultivar los afectos, tiempo para vivir... ¡No existe! Y no se discute sobre que tenemos una vida sola ¡y que se nos va! ¿Y en qué vas a gastar tu tiempo? ¿Como un *gil* pagando cuentas toda tu vida? ¿Siempre corriendo atrás de la cuota? ¡Pará un poquito! Esto no quiere decir que tenés que ir a vivir en una caverna o taparte con un diario. Pero ¡pará!

Creer que el crecimiento económico es igual a más felicidad es, por lo menos, cuestionable. ¡Ojo! No estoy haciendo apología de la pobreza. Estoy diciendo que es una fantasía creer que por tener crecimiento económico vamos a vivir más felices. Si culturalmente no desarrollamos unos parámetros para decir "esto sí y esto no", ¡estamos fritos! Porque es tal la creatividad para inventar nuevos productos y nuevos servicios que, al poco tiempo, se nos transforman en una necesidad.

¡Acabamos esclavizados por lo superficial! Resulta que sale un celular nuevo y hay que salir como desesperados a comprarlo. ¡Y la gente se tira dos días haciendo cola! O el muchacho, el jugador de fútbol que tuvo algo de éxito, y va el *gil de mierda* y lo primero que hace con el dinero que gana es comprarse una Ferrari que le cuesta un ojo de la cara. Y luego, cuando se le rompe, no le queda dinero para arreglarla. ¡Se compró un problema bien caro! Es cultural: si no hay una batalla cultural sobre estos temas no hay liberación posible.

Es una fantasía creer que por tener crecimiento económico vamos a vivir más felices.

DEMOCRACIA

LA DEMOCRACIA TIENE SU ORIGEN EN UNA FORMA DE LUCHAR POR LA LIBERTAD

La democracia que nosotros conocemos y heredamos tiene sus orígenes en un canto a la libertad. No a la igualdad, pero sí a la libertad y a los derechos políticos. Pensemos que la democracia no es tan moderna como parece. Probablemente sea tan vieja como el Homo Sapiens. Por ejemplo, se ve en las costumbres ancestrales de algunos grupos indígenas, en cómo eligen a sus capangas[8]: hacen un balance anual, discuten si anduvo bien o anduvo mal, lo reeligen o no lo reeligen, lo cambian o no lo cambian. Es una forma directa de democracia. Cuando los antropólogos les preguntaban a los Kung San[9]: "¿No tienen jefe?", les respondían: "No, nosotros somos jefes de nosotros mismos". Sorprendía, aquello... Habla de una forma de conducta de la gente frente a la autoridad y el gobierno que es muy vieja.

Desde el hombre que hacía regalías pero que no tenía ningún poder político, pasando por el que acabó generando poder político hasta llegar al que lo pudo transmitir a sus herederos hay una largo proceso. Y a lo largo de ese proceso también se debe tener en cuenta que las formas primitivas de democracia seguramente se reducían en situaciones de riesgo, porque en los momentos de peligro siempre hubo tendencia a concentrar el poder.

---

8   Líderes o jefes.
9   Pueblo cazador-recolector del desierto de Kalahari, entre Botsuana, Namibia y Angola.

El antecedente que veo más importante son las reformas de Solón en el siglo VI a.C., en Atenas. Curiosamente operó como un dictador, elegido en un momento dramático: Atenas estaba cerca de una guerra civil debido a la cantidad de esclavos que había, que eran esclavos por deuda. El dilema que tenía Solón era si devolver la libertad a esos esclavos o no. Y él decide darles la libertad, despertando así el odio de la oligarquía[10] de su época. A su vez, los campesinos le piden ayuda, una ayuda económica porque están pobres y no tienen recursos para salir adelante. Eso no se los puede dar, por oposición de la misma oligarquía, pero les da algo más importante: les da derechos políticos. Les da el derecho a la palabra en la asamblea y les da derecho a elegir. Todavía no les da derecho a ser elegidos porque son pobres y es un sistema censitario, pero les empieza a dar poder político. Este es probablemente el origen de nuestras instituciones. Después todo eso va caminando...

La democracia que nosotros conocemos y heredamos tiene sus orígenes en un canto a la libertad.

Yo sé que a la democracia ateniense se le pueden hacer muchas críticas, pero no por ello hay que negar el valor de una institución tan especial. ¡Funcionaba por sorteo! Los únicos que eran elegidos eran los jefes de la guerra y los tesoreros; a estos los elegían entre los ricos, porque si fallaban respondían con su patrimonio. Al funcionar por sorteo, cualquier ciudadano podía ser convocado a ser gobierno. Gobierno e incluso juez, más increíble todavía. Ojo: estos tribunales a veces acertaban y a veces se equivocaban. No nos olvidemos de que

---

10   Grupo reducido de personas que tiene poder e influencia en un determinado sector social, económico y político.

a Sócrates lo condenó un jurado popular, no fue una oligarquía la que lo condenó. Lo condenaron por impiadoso, por estar enseñando que el sol probablemente era una piedra gigantesca e incandescente. Esto nos dice que los pueblos tienen un germen de intolerancia y que ningún sistema es infalible.

Esa democracia tan audaz, capaz de gobernar por sorteo y elegir jueces por sorteo, probablemente produjo los 150 o 200 años de historia más explosivos en el desarrollo de las aptitudes y la cultura humana. Nunca se vio una sociedad tan chica que generara tanto. Es impresionante ver los nombres que se agrupan en esos 150 años. Da para preguntarse qué pasó ahí. No estoy haciendo misticismo de la historia griega, pero no se puede ignorar lo que produjo esta forma de participación.

La democracia tuvo contradicciones y contrasentidos, pero tiene su origen en una forma de luchar por la libertad. La libertad en el sentido real y concreto, no la libertad como un ideal abstracto.

IDEOLOGÍA

LA MEJOR DEMOCRACIA LIBERAL NUNCA PUDO CREAR UNA SENSACIÓN REAL DE IGUALDAD

La gran frustración de la democracia liberal, en el sentido más profundo, es que no pudo conjugar sus definiciones jurídicas de igualdad de derechos con la igualdad en lo social. Es aquel viejo grito: "¡Queremos la igualdad bajo los techos!", no solamente la igualdad jurídica. Con esto no quiero decir que la igualdad jurídica no haya sido un progreso fantástico si lo comparamos al poder absoluto de reyes divinos, descendientes de Dios. ¡Por favor! Todo hay que medirlo en el contexto de su época. Pero esto no quita las limitaciones: la mejor democracia liberal nunca pudo crear una sensación real de igualdad en el conjunto de los ciudadanos. Y es importante no confundir igualdad con igualitarismo. No se trata de construir ladrillos que sean todos iguales, la naturaleza no es eso. Me refiero a igualdad de oportunidades, ahí está la cuestión.

No se trata de construir ladrillos que sean todos iguales, la naturaleza no es eso. Me refiero a igualdad de oportunidades, ahí está la cuestión.

EL HOMBRE SIEMPRE NECESITA TRIBU

Hace tiempo que pienso que la crisis que tiene la humanidad es política: no se puede autogobernar. Pensemos que el hombre siempre necesita tribu. Y cuando no la tiene se hace hincha del Barcelona o del Real Madrid, ¡pobre desgraciado! El hombre necesita algo con que identificarse. ¡Del Real Madrid! Fijate vos, ¿qué mierda es ser hincha de un cuadro de fútbol?

¿Y por qué es así? No es culpa de los clubes. Y tampoco es culpa de nosotros. El hecho es que necesitamos algo que nos sirva para opinar y nos aglutinamos con lo que encontramos por ahí, nos prendemos de algo porque lo precisamos. Hay cantidad de comportamientos que son de nuestro Yo antropológico. Al fin y al cabo, el Homo Sapiens vivió más del 90% de su historia en forma de sociedades primitivas y comunales. El hombre moderno tiene mucho de eso: ese ser más primitivo está ahí. ¿Por qué nos gusta el fuego? ¡Yo qué sé! Pero hacemos unas estufas que funcionan con gas y les ponemos unos tronquitos para que parezcan leña... O la *doña* que pone una plantita en el comedor y vive en un apartamento. ¡Pobres de nosotros! Necesitamos rodearnos de nuestro pasado, es algo que lo traemos dentro.

> *Necesitamos algo que nos sirva para opinar y nos aglutinamos con lo que encontramos por ahí, nos prendemos de algo porque lo precisamos.*

LA IDEOLOGÍA EXISTE SIEMPRE

La ideología existe siempre. Incluso cuando decimos "no me interesan las cuestiones ideológicas", también caemos en una forma de ideologizar. Porque no podemos renunciar a nuestra pequeña ventana a través de la cual vemos el mundo. Esta ventana es el conjunto de conocimientos, de creencias y de experiencias a través de la cual miramos la realidad y todo lo que nos rodea.

Cuando decimos "no me interesan las cuestiones ideológicas", también caemos en una forma de ideologizar.

Se trata de un Yo que ha construido nuestra historia. Lo máximo que podemos es ser honrados y críticos con esa percepción, pero esa percepción siempre está teñida de nuestro Yo. A veces seremos más conscientes de esto y a veces menos, pero así como la carreta va atrás de los bueyes, dice un proverbio hindú, "los hombres van atrás de las ideas".

Las particularidades de cada país también influyen en esto. En Estados Unidos, por ejemplo, da la impresión de que entre los partidos políticos hay una diferenciación ideológica primigenia, pero a veces no parece nítida. Es un país muy grande, que tiene muchas problemáticas locales, y por ese lado se desdibuja mucho todo lo ideológico. Cuando lo estatal o lo local adquieren toda su dimensión, a veces coincide y a veces no coincide con la visión que pueda tener el partido al cual se pertenece, entonces creo que por ahí surgen contradicciones.

LA IZQUIERDA Y LA DERECHA

Yo tiendo a ver la cuestión de la izquierda y la derecha como una cuestión pendular y permanente en las sociedades. Y no empieza con la Revolución Francesa, es desde que está el hombre sobre la Tierra. En toda nuestra historia se ha dado esto. Porque también se precisa lo conservador, no se puede estar cambiando todos los días porque sería un constante estado de convulsión. ¡Cuidado!

Lo que llamamos "izquierda" tiene mucho que ver con el sentimiento de igualdad. Igualdad de oportunidades. Que todos arranquen más o menos parejo.

En la derecha se tiende a pensar que el desarrollo económico de un individuo es consecuencia del esfuerzo que ha hecho y que por tanto es justo. Como ha hecho un gran esfuerzo y tiene una fortuna, tiene el legítimo derecho a esto y a lo otro. Y si lo hizo su padre o su abuelo y lo heredó, aunque él fue un atorrante, no importa. Parece que ese esfuerzo se hereda. Esto tiene una parte de razón, incluso como motor de la historia, porque ha contribuido enormemente al progreso material y económico. No es nada despreciable. Esa cuota de egoísmo que llevamos adentro, en parte, es natural. Pero pienso que cuando se exacerba se transforma en una patología. Es similar a cuando los que nos solemos llamar de izquierda tendemos a confundir los deseos con la realidad: caemos en una patología enfermiza y estamos al borde de los fanatismos.

> *Lo que llamamos "izquierda" tiene mucho que ver con el sentimiento de igualdad.*

LA IDEOLOGÍA NO PUEDE SER ALGO ESTÁTICO

Yo soy de la opinión de que la ideología es un edificio que nunca está terminado, que siempre está en construcción, y que en momentos tiene partes que hay que derrumbar y construir cosas nuevas. Tiende a ser un conjunto de parámetros que nos sirven para medir lo que entendemos que es bueno y lo que entendemos que es malo. El qué elegimos dentro de esos parámetros compone el repertorio de cuestiones ideológicas que nos rodean. Por eso la ideología no puede ser algo estático, una estructura que se arma una vez y queda terminada para siempre. Y menos puede renunciar a los aportes que va haciendo el sistemático avance de las ciencias puras. Por ejemplo: nosotros, los que nos definimos más o menos de izquierda, tenemos que reconocer que provenimos de un abuelo racionalista como Robespierre, del Dios Razón. Pero, resulta que hoy, a la luz de los descubrimientos de las ciencias nuevas, sabemos que el Dios Razón es un dios relativo dentro de la conducta humana y que el capítulo de las emociones cada vez juega más fuerte. Entonces, no nos podemos quedar con aquella definición de nuestros abuelos y nuestros bisabuelos, porque la ciencia contemporánea viene demostrando que a veces las glándulas tienen más importancia de la que pensábamos. Eso no tenían cómo saberlo nuestros antepasados.

> *La ideología es un edificio que nunca está terminado, que siempre está en construcción, y en momentos tiene partes que hay que derrumbar y construir cosas nuevas.*

Quiero decir que la ideología nunca está terminada, es una cuestión en construcción permanente. Y si se ve como algo terminado se empieza a caer en el fanatismo. Hay fanatismos de izquierda, de centro y de derecha. Hay una tendencia a creer que el edificio está terminado, y que no se debe cambiar más nada. Y qué fácil sería que fuera así... ¡Pero no es así!

LUCHA DE CLASES

Yo creo que la lucha de clases existe inequívocamente a lo largo de la historia del hombre. Pero de ninguna manera es la única lucha, ni se manifiesta con la misma intensidad en todas partes. Tampoco se puede aislar de otros problemas. Creer que es la única fuerza que se mueve en la historia del hombre me parece que es demasiado ingenuo, demasiada simplificación.

Hay otras fuerzas que juegan también, en un juego compuesto de acción y reacción. Existen las mitologías, las religiones. Existe el papel del individuo, existen los resultados inesperados del avance científico y tecnológico que crea momentos particulares. No sé qué va a pasar con esta revolución informática, no sé qué consecuencias sociales pueda llegar a tener...

> *Afirmar que la lucha de clases existe no equivale a decir que es lo único que hay, o que es la única fuerza motriz de la historia.*

En definitiva: afirmar que la lucha de clases existe no equivale a decir que es lo único que hay, o que es la única fuerza motriz de la historia; para mí este tema es mucho más complejo.

POLÍTICA

EL SAPIENS TIENE UN DESAFÍO: APRENDER A DOMINARSE A SÍ MISMO

Pensemos que el Homo Sapiens ni es más fuerte ni probablemente más sabio que otros Homos que hubo por ahí. Pero ha podido construir grandes sociedades. Y las grandes sociedades le multiplicaron las fuerzas y así pasó a ser un animal dominador. Pero tiene un desafío: aprender a dominarse a sí mismo. No lo sabe hacer, perdió la espoleta, entonces no puede controlar lo que desencadenó. Este es el desafío que tiene por delante como especie.

VIVIR EN GRUPO ES TENER CONFLICTO

El ser humano es gregario y por ser gregario pudo construir civilización. Si fuera un felino y viviera de forma solitaria, no construiría nada. La civilización, al ser algo colectivo, entraña necesariamente conflicto. Vivir en grupo es tener conflicto. ¿Por qué? Porque necesitamos la sociedad; no podemos vivir sin sociedad. Pero a su vez tenemos nuestro Yo, que a veces choca con otros individuos dentro de esa sociedad. Eso genera conflicto y va a seguir generándolo. Mi generación pensó que eso era consecuencia de las diferencias entre las clases sociales. Yo sigo pensando que eso es solo parte de la verdad, que aun si desaparecieran las clases sociales el conflicto seguiría existiendo. Es utópico pensar

en una sociedad que no tenga conflicto, siempre va a haber conflicto. Y el papel de la política es amortiguar los conflictos y hacer viable la vida de la sociedad. Es una dialéctica con la que hay que aprender a convivir. La política ayuda a sintetizar esa dialéctica. Pero si renunciamos a la política y cada cual se refugia en el individuo, pasaremos a vivir en el mundo de las fieras.

Dependemos los unos de los otros. Yo, si me enfermo, si el corazón me falla, tengo que acudir al cardiólogo. ¿Y quién me da eso? La sociedad. Si se me rompe el Volkswagen tengo que acudir al mecánico. ¿Quién me lo da? ¡La sociedad! ¿Y el que me hace los zapatos? ¿Y el que me hace la ropa? ¡¿Sabés lo que sería vivir solo como Robinson Crusoe, tener que hacerlo todo solo?! ¡Imposible! Sería un retroceso en nuestra forma de vida que ni siquiera podemos imaginar. Es decir: somos interdependientes, con todos los defectos que eso puede tener. Y hay que hacerse cargo de los desafíos que eso genera.

Si renunciamos a la política y cada cual se refugia en el individuo, pasaremos a vivir en el mundo de las fieras.

NECESITAMOS UN HILITO DE ESPERANZA EN EL FUTURO DE ESTADOS UNIDOS, PORQUE SI NO... ¡SOCORRO!

Un comportamiento que se ve en muchos países, particularmente acentuado en Estados Unidos, es la abundancia de voluntariado. Es curiosa la cantidad de proyectos sociales que tiende a apoyar la gente. Son proyectos que por lo general nada tienen que ver con la política de partidos y que, en realidad, son todos escapismos políticos. Se manifiestan en forma distinta: no toman forma partidaria, reniegan de todo eso. Expresan un desencanto y, a la vez, muestran una fuerte voluntad de ejercer socialmente algo. Pero si eres hombre no podrás renunciar a lo político.

Es curioso Estados Unidos, es una sociedad con sus contradicciones. Esto nos debe interesar mucho a todos, porque la suerte de Estados Unidos va a influir en el resto del mundo. Lo que les estoy diciendo no es desinteresado: a mí me interesa el rumbo futuro de este país, porque afecta la vida del planeta y el rumbo puede ser para peor o para mejor. Dependerá en mayor o menor medida de la actitud política de sus ciudadanos.

Sin ánimo de simplificarlo demasiado, creo que con el correr del tiempo la democracia representativa de Estados Unidos se fue transformando de democracia representativa a democracia *lobbysta*: por todos lados se ve demasiado poder del lobby operando muy cerca del poder político, hasta tal punto que ya está institucionalizado. Da la impresión de que el verdadero poder está en la influencia empresarial y su capacidad de manejar los resortes políticos, no en la influencia ciudadana. Probablemente esto ha llevado a muchísima gente a volcar su inquietud política en los movimientos sociales, en torno a cuestiones laterales, alejándose de los mecanismos que tienen incidencia directa en las grandes decisiones políticas.

Pero es contradictorio Estados Unidos, por eso uno no puede dejar de dibujar un gesto de esperanza. Entre

> La suerte de Estados Unidos va a influir en el resto del mundo. El rumbo puede ser para peor o para mejor. Dependerá en mayor o menor medida de la actitud política de sus ciudadanos.

el discurso de Sanders y lo que vino después... ¡Dios me libre! Pero el hecho es que Sanders es un viejo bastante joven, que seguramente responde a una masa de gente socialmente sensible, que llegó a tener un peso electoral nada despreciable. No quiero decir que mañana va a haber un gobierno como el que podía representar Sanders, quiero decir que el plafón de ideas de los Estados Unidos no es uno solo. No es un bloque monolítico que abarca todo, ¡no! Hay una gran diversidad de ideas operando allí. Son esas contradicciones las que a uno, a pesar de las reservas, le dejan siempre un gesto de esperanza. No sé si será que me estoy poniendo viejo pero necesitamos un hilito de esperanza en el futuro de Estados Unidos, porque si no... ¡socorro!

CADA VEZ MÁS PESAN LAS PERSONAS POR ENCIMA DE LAS IDEAS

Me parece que la tendencia contemporánea es un poco regresiva desde el punto de vista histórico reciente. Cada vez más pesan las personas por encima de las ideas. Es como volver a una película que ya vimos. Al mismo tiempo, no nos olvidemos que organizarse alrededor de personalidades fuertes y convincentes es la forma más vieja de expresión democrática que puede existir. ¿En qué se iba a organizar la gente? ¿En partidos de ideas? ¡No! Se organizaban alrededor de una personalidad fuerte y más o menos atrayente. Ese hecho ha operado incuestionablemente a lo largo de la historia.

Naturalmente, la existencia de partidos mejor organizados y con cierta tradición ideológica le fue dando una articulación más colectiva a la voluntad de la gente. En cualquier caso, creo que hoy la idea del partido

¿CRee USTED QUE EXISTE UNA CReCIENTE
TENDENCIA HACIA EL INDIVIDUALISMO?

político está cada vez más debilitada y cuestionada. Y el problema es que cuesta imaginarse la democracia sin los partidos políticos, porque son los que representan las causas colectivas y son las causas, no los hombres, las que son indispensables.

LA REVOLUCIÓN DE LAS COMUNICACIONES Y LA INFORMACIÓN VA A GENERAR NUEVAS FORMAS DE PARTICIPACIÓN

Si reflexionamos un poco, nos damos cuenta de que un ser humano no es representable. La idea de representación tiene un grado de impostura, porque es imposible representar a alguien. Nosotros transferimos una supuesta representación porque es la forma colectiva de tomar decisiones y decimos "bueno, me representa". Pero si pensamos con profundidad, la representación tiene mucho de delegación de responsabilidad de decisión, mucho más que de representación. Y además, una vez que el candidato es elegido, el camino sigue por cuerdas separadas: no se rinden cuentas, no puedo incidir sobre si el tipo anda bien o anda mal. En todo caso tengo que esperar varios años. Mi suerte poco tiene que ver con lo que he elegido.

La brutal concentración económica y las apabullantes limitaciones que tiene la idea de representación en las sociedades contemporáneas están construyendo una caricatura de la democracia. Porque la concentración económica, a la larga, es influencia política, directa o indirecta. Y esto, en alguna medida, la gente lo percibe.

Yo creo que el aparatito infame, el celular, va a generar cambios a nivel institucional. Es decir: no veo por

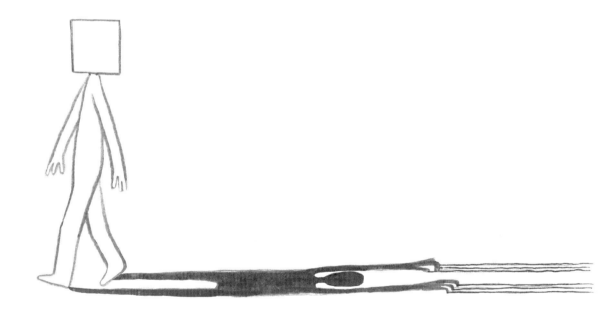

qué en un barrio o una comunidad no se puedan tomar algunas decisiones colectivamente, consultándose y sin intermediarios. Al fin y al cabo, la democracia plebiscitaria de los suizos, que parecía una cosa esotérica, no tiene nada de esotérico. Se ha transformado en algo muy normal y funciona sin mayores problemas. Los miedos que pudiera haber en delegar decisiones en estos plebiscitos han sido injustificados. Yo diría, más bien: las decisiones que toma la mayoría no tienen nunca nada de aventurado, más bien son relativamente conservadoras. Por ejemplo, un día descubrieron que tenían un ejército clandestino del cual nunca se les había informado, que era una herramienta de seguridad para utilizar en determinados puntos de la montaña. En un principio, se discutió muy acaloradamente que no podía ser, que cómo iba a haber un ejército clandestino...

El celular va a generar cambios a nivel institucional. No veo por qué en un barrio o una comunidad no se puedan tomar algunas decisiones colectivamente, consultándose y sin intermediarios.

¿Sabés qué acabaron votando? ¡Que había que seguirlo manteniendo! ¡Y clandestino!

El mundo comunal, el lugar donde voy a vivir, donde voy a trabajar, donde voy a ir y venir, donde se educan mis hijos, etc., va a tener que adquirir cada vez más autonomía. La veo implementarse ahí a la democracia. Si no hay descentralización del poder o de parte del poder, la democracia se transforma en una estafa: en realidad estamos sometidos a una plutocracia[11].

---

11   Forma de gobierno en que el poder está en manos de los más ricos o muy influido por ellos.

SOS LO QUE CUIDÁS

Hoy pienso que existen multitud de cuestiones comunales que las podría decidir la gente tranquilamente, y el mundo va a ir por ese lado. Pero a su vez va a haber una cantidad de cuestiones de carácter internacional que van a pautar las reglas de nuestra vida. Y nada de este proceso, de esta nueva distribución en la toma de decisiones, se va a dar con tranquilidad, ni en una línea constante. Se va a dar con ritmos de caída, con brotes de autoproteccionismo y de ultranacionalismo. Siempre es así.

FALTA LIDERAZGO A LA HORA DE DEFENDER EL INTERÉS GLOBAL DE LA ESPECIE

En Estados Unidos se observa que a la clase política le cuesta cargar con la responsabilidad histórica que tiene, no quiere asumir ese compromiso. El problema que existe, en el fondo, es de carácter político. Falta liderazgo en lo referente a políticas globales. Falta liderazgo a la hora de defender el interés global de la especie. Y Estados Unidos tiene mucho que ver en esto. No le quiero atribuir toda la responsabilidad, pero tiene que implicarse con el mundo de otra forma, no para explotarlo o aplastarlo, sino para llenarse de compromiso.

El hombre demostró que esta civilización puede alterar el clima, ya no se puede discutir esto. Hace 30 años que nos lo dijeron. Y el hombre puede llevar a cabo iniciativas a escala planetaria que reviertan o mitiguen esta situación. Están los recursos y están los avances de la ciencia, lo que no está es la voluntad política de hacerlo. Porque para tener la voluntad política tendrían que meterle mano a buena parte de la plutocracia y hacer obras gigantescas de carácter global. Es posible conectar el Atlántico con el Índico a través del Sahara. ¡Está calculado! Es posible inventar ríos nuevos con el deshielo de Alaska para traer agua al desierto mexicano y proyectos por el estilo. La humanidad se ha propuesto desafíos de este tipo incluso sin los medios que hay hoy. Y lo tienen que hacer para mitigar las consecuencias del cambio climático, pero no hay voluntad política de hacerlo. Estados Unidos es determinante en esta problemática, pero una buena parte de su clase política y del electorado está mirando solo el corto plazo, negando la ciencia y poniendo la suerte del planeta en un segundo plano.

No se trata de culpar solo a Estados Unidos, pero ¿cómo no va a tener importancia la política y participación electoral adentro de ese país si nos estamos jugando la vida del planeta? Los países chicos y medianos podemos discutir, "hay que tomar esta medida o la otra, hay que cuidar el medioambiente y esto y lo otro". Pero el hecho es que nosotros ¡no jodemos a nadie! Proporcionalmente somos insignificantes. Diferente es si los que discuten son los chinos y los americanos. Esos sí que joden, son los principales contaminadores que hay en el mundo. Son los que pueden generar un mayor impacto. Se tienen que hacer cargo de las consecuencias y tienen que conducir el barco de la defensa del mundo y de la vida, que es la vida de la especie.

Estados Unidos es determinante, pero una buena parte de su clase política y del electorado está mirando solo el corto plazo, negando la ciencia y poniendo la suerte del planeta en un segundo plano.

Por eso creo que nunca tuvo tanta importancia la política, porque empieza a ser un asunto de vida o muerte.

Estamos jugando con fuerzas naturales que no sabemos lo que pueden desatar. Tres, cuatro grados más de temperatura promedio en el mundo no sabemos las consecuencias que pueden tener y eso se puede mitigar solamente con medidas políticas de carácter global. Entonces, que el pueblo y los jóvenes norteamericanos –la mayor parte con educación, por lo menos, media– se desentiendan de lo político es una tragedia para el mundo. Es una bruta tragedia. Porque de lo que hagan o no hagan en materia electoral va a depender la suerte de la gente, de toda la gente.

Nunca tuvo tanta importancia la política, empieza a ser un asunto de vida o muerte. Estamos jugando con fuerzas naturales que no sabemos lo que pueden desatar. Que el pueblo y los jóvenes norteamericanos se desentiendan de lo político es una tragedia para el mundo.

¿A quién le vamos a pedir cuentas sobre estos temas? ¿Les vamos a pedir cuentas a los pobres africanos? ¿Quiénes pueden incidir para que se dé un cambio en el mundo? Cuanto más grande es tu torta más responsabilidad tenés. Responsabilidad de cuidar la torta, de repartirla de forma justa, de no despilfarrarla y de utilizarla lo mejor que puedas para que haya menos ambiciosos con ganas de robarte esa torta. Es una gran responsabilidad la que tiene el votante americano.

LA PARTICIPACIÓN EN POLÍTICA DE PARTIDOS Y EN ORGANIZACIONES NO GUBERNAMENTALES NO ES EXCLUYENTE

La política debe ser también un instrumento de acción social. Al menos debería serlo. Sin embargo vemos que, en general, frente a la militancia social de las organizaciones no gubernamentales, que enfrentan directamente algunos problemas que tiene la sociedad, la política ha tenido una actitud un poco renuente. Parece que la política interpretara que esas acciones equivalen a poner parchecitos en lugar de aportar soluciones de fondo y que lo único que vale es luchar por encontrar soluciones a los problemas generales.

Por mi parte, creo que aunque en ocasiones sean parchecitos no se debe desestimar la acción social de grupos que hacen contribuciones a las comunidades locales. En definitiva están haciendo algo, y más allá de si hacen más o si hacen menos, hay que respetarlos mucho porque son una expresión de altruismo en la propia sociedad. Además, no creo que el mundo se arregle de una vez y para siempre, con una varita mágica. No es así. La participación en política de partidos y en organizaciones no gubernamentales no es excluyente.

El trabajo en organizaciones no gubernamentales ofrece a veces objetivos más concretos. Plantea metas más realizables, más medibles, más tangibles. En contraposición, la política es mucho más abstracta, más de largo plazo, parece que su mensaje no convoca de la misma manera.

Puede que los partidos políticos tengan algo de responsabilidad en esto, que necesiten cambios. O puede que la política necesite otra forma de organizarse y de manifestarse. Eso también es posible.

HAY QUE ELEGIR ENTRE LA EXISTENCIA DE PARTIDOS FUERTES, CON TODOS SUS DEFECTOS, O LA PREPONDERANCIA DEL PODER ECONÓMICO

Si la participación es baja, el poder de decisión está cada vez más concentrado. Y, si se concentra, lo va a hacer inequívocamente a favor del poder económico. Eso es lo más triste. Entonces, hay que elegir entre la existencia de partidos fuertes, con todos sus defectos, o la preponderancia del poder económico sin opción de control por parte de la ciudadanía. En cualquier caso, hay que entender que los partidos siempre serán bombardeados por el poder económico, que también los trabaja para conseguir sus objetivos. De ahí la importancia de la participación de los ciudadanos en los partidos, es necesario el intercambio de ideas y la discusión política.

Si la participación es baja, el poder de decisión está cada vez más concentrado. Y, si se concentra, lo va a hacer inequívocamente a favor del poder económico.

Todas las partes tienen sus intereses y es fundamental que todas participen.

La política no debe ser una profesión de la cual se vive, debe ser una pasión para la cual se vive. Una pasión creadora, que no garantiza que no se cometan errores. Nuestras limitaciones humanas nos imponen los errores. Pero a la política se debe ir como va el artista cuando está creando una obra: con la mejor honradez que pueda y poniendo de sí.

Creo que la definición de la forma de vivir de cada uno tiene mucho que ver con la participación en política, después entran las ideas y las orientaciones. Una de las confusiones es tomar la política como el camino para hacer plata y triunfar económicamente en la sociedad en la que se vive. Si eso ocurre ¡a la mierda! ¡Ahí se pudrió todo! La política no es para hacer negocios.

Si existe esa motivación, y existe muy a menudo, debe encauzarse en la industria, en el comercio, en otras actividades, pero no en la política. Por eso es importante tener partidos políticos que funcionen: ellos son el primer filtro. Hay necesidad de que los partidos perduren en el tiempo, y evitar que lleguen esos paracaidistas que aparecen de un día para otro, que no se sabe qué es lo que llevan en el corazón.

LA POLÍTICA DEBE PROYECTAR, A TRAVÉS DE QUIENES LA PRACTICAN, LA FORMA DE VIVIR DE LA MAYORÍA DE LA GENTE

Es curioso cómo en los hechos se ven comportamientos antirrepublicanos con mucha frecuencia. Pensemos que el surgimiento de la república –y mucho más de la democracia contemporánea– es un grito desesperado de la historia frente a la nobleza, frente a esa concentración de poder que significaban las monarquías, de aquellos personajes con los bucles empolvados y con alfombras rojas. Las repúblicas vinieron para suscribir un concepto: nadie es más que nadie. Esta fue su respuesta al feudalismo y a las monarquías absolutas. Fue un grito histórico por la igualdad del hombre. Los fundamentos de la revolución burguesa son conmovedores. Y ya sé que no es suficiente y que hay que seguir luchando por un mundo mejor y mucho más justo, pero hay que reconocer el valor que tuvo todo aquello.

Ahora, es desconcertante cuando yo, integrante de una democracia representativa, me tengo que bancar que me pongan la alfombra roja, que toquen la corneta, los tambores, y esto y lo otro... ¡La puta que lo parió! ¡Estamos pagando tributo al feudalismo hasta en los usos y costumbres! Eso no suscribe al fundamento de que todos los hombres somos iguales. Se nos cuela por todos lados ese sentido antirrepublicano. Estas críticas a los protocolos parecen pavadas pero no lo son. Estos ceremoniales son expresiones de problemas que hay más de fondo. Tanto es

Los protocolos no dejan ver a la gente que el líder político es uno de nosotros, que lo designamos para una tarea administrativa de cierta jerarquía y nada más.

así que la gente está como acostumbrada: el señor presidente tiene que tener imagen de estatua, no debe eructar jamás, debe ser un tipo correctísimo, no se puede pelear con los vecinos, no se puede enamorar, no puede tener aventuras. Y ni que hablar del aspecto económico. El rey de España, un tipo muy afable, muy macanudo, vive en La Zarzuela; es una hacienda en la boca de Madrid con ciervos en la puerta... ¡Yo no sé lo que vale eso! Y uno se pregunta: ¿y mantienen esto para mantener a este viejo? Un símbolo... ¿Te das cuenta? Son protocolos que no dejan ver a la gente que el líder político es uno de nosotros, que lo designamos para una tarea administrativa de cierta jerarquía y nada más. La persistencia de estas costumbres muestra lo que cuesta abandonar las formas monárquicas de endiosar al elegido. No sé... Es como un muro que separa al político de la gente.

Creo que el alejamiento de la gente de la política está vinculado con estos comportamientos. Desde un punto de vista democrático y republicano, la política debe proyectar, a través de quienes la practican, la forma de vivir de la mayoría de la gente y no la forma de vivir de una

EN LA SIMPLEZA,
DESCANSO

Severi

minoría. Parece un detalle sin importancia, la forma de vivir; pero no lo es. Tampoco se trata de que todos los políticos tengan que ser pobres, aunque lo de ser o no ser pobre tiene un grado de relatividad. Por mi parte, creo que no es más rico el que más tiene sino el que menos necesita. Yo no soy pobre, soy sobrio. Se supone que la democracia intenta ser el gobierno de las mayorías. Bueno, yo estoy viviendo como vive la mayoría de la gente en mi país. Hay una minoría que vive más ostentosamente.

El distanciamiento entre el modo de vivir de los gobernantes y el de la mayoría de los ciudadanos termina colocando a los políticos a una distancia que la gente termina despreciando, y por eso termina despreciando la política. Y, si desprecian la política, ¡sonamos! Para mí la forma de vivir del político es central porque, a la larga, como vives vas a pensar. No tiene vuelta. Si yo vivo en el lujo y solo voy a lugares exclusivos y mis amigos vienen del mismo entorno, voy a ir encontrando una serie de justificaciones y explicaciones en favor de ese mundo. Cuidado, es un mundo al cual no hay que odiar porque ese mundo existe y es parte de la realidad. No debemos caer en infantilismos. Pero ese no es el mundo de la mayoría de la gente. El mundo de la mayoría es otro, y esto los políticos lo saben, pero cuando se les pone este tema arriba de la mesa se enojan.

> *Para mí la forma de vivir del político es central porque, a la larga, como vives vas a pensar.*

LA POLÍTICA OBLIGA A NEGOCIAR

La ceguera tiene un precio, claro. Ha pasado en la historia, como las intransigencias que llevaron a la

No está mal optar por un camino que a uno no lo convence cien por ciento pero que es lo posible, porque así van progresando las sociedades humanas y se va avanzando.

dictadura de Franco en España o las que le abrieron la puerta a Hitler. Son todas un triste ejemplo. Ese enfrentamiento feroz entre comunistas y socialistas en la Alemania de la década del 30, como si fuera una cosa irreductible o de principios, le abrió la puerta a los nazis. O la lucha entre anarcos, sindicalistas, bolches[12], socialistas y republicanos, en la Guerra Civil Española... ¡Espantoso!

Hay momentos en que considero que no está mal optar por un camino que a uno no lo convence cien por ciento pero que es lo posible, porque así van progresando las sociedades humanas y se va avanzando. Por eso, la política tiene que tener una parte de negociación siempre. La política obliga a negociaciones, obliga a términos medios y a conquistas relativas, a usar la marcha atrás y a hacer balances. Después se analiza. A veces la embocás y a veces te equivocás. Hay que entender que uno como político se calienta y hace cagadas como hace cualquier tipo y, además, ¡defiendo el derecho republicano a hacer cagadas! Porque, si no, no sería humano. En el acierto o en el error, creo que es importante que el político diga la verdad, nada más. Hay que decir la verdad; la gente es generosa. A la gente no hay que mentirle, es capaz de entender las *metidas de pata* o los errores, según las circunstancias. La gente no es boba. Pero el político tiene que seguir intentándolo,

---

12 Personas que tienen ideas comunistas o son militantes del Partido Comunista.

eso es importante. Tiene que jugársela sabiendo que en toda decisión va a haber riesgo.

EL AZAR Y LA ACCIÓN DEL HOMBRE

La suerte, curiosamente, es un elemento que tiende a olvidarse cuando en realidad juega un papel importantísimo y lo ha jugado siempre. Hoy los hombres de ciencia también te hablan del azar. Resulta que todas las moléculas de hidrógeno son iguales, pero hay algunas que cada tanto son menos iguales... ¡La mierda, el asunto no es tan claro! No es todo tan previsible.

La suerte también juega. Entonces, ¿la vida es azar? ¡No! No solo es azar pero también juega el azar. Hay un papel del individuo, en la política y en la historia: dentro de términos relativos, participa y puede empujar para un lado o para el otro.

En Uruguay, por ejemplo, tuvimos un presidente a principios del siglo pasado, don José Batlle y Ordóñez. Un hombre de una personalidad muy fuerte y muy decisiva en la historia de nuestro país. Este hombre le dio una matriz al Uruguay que quedó ahí hasta hoy en día. Era un viejo medio loco, que escribía "dios" con minúscula, pero tenía un coraje de la gran puta. Empezó a convivir con una mujer, sin casarse, siendo presidente de la República. Estamos hablando de cerca del año 1900. ¡Con una mujer con cinco hijos que había dejado al marido! ¡Ay, la sociedad tradicional, las cosas que diría! Pero el tipo fue para adelante, y durante su gobierno pasó la ley del alcohol, la ley de reconocimiento de la prostitución, el divorcio por sola voluntad de la mujer... ¡Hay que ubicarse en aquella época! Lo que pueda tener de pionera nuestra ley que permite vender marihuana

No todo es azar, los hombres y sus acciones también cuentan.

de forma legal en farmacias no es nada, en comparación. Incluso 30 años después de desaparecido Batlle, esos temas seguían siendo un desafío en muchas partes del mundo. Hay países que no han reconocido la prostitución hasta hoy, y existe por todos lados y es más vieja que el agujero del mate. Pero bueno, hay países que se creen que se arregla prohibiendo o no reconociendo. Yo creo que a nosotros nos ayudó Batlle y su coraje. No todo es azar, los hombres y sus acciones también cuentan.

EL SER HUMANO TIENE UNA TERRIBLE RESPONSABILIDAD

El destino de la humanidad tiene mucho que ver con lo que haga la propia humanidad. Somos un animal que puede, sencillamente, autodestruirse. Tenemos una formidable capacidad de destrucción. Podemos llegar a eso... o no. Pero lo que pase no será necesariamente accidental. No somos como los animales, que no tienen ninguna responsabilidad de lo que pueda pasar arriba del planeta. El ser humano tiene una terrible responsabilidad en su suerte y en todo lo que lo acompaña en el curso de la vida. Renunciar a la lucha de carácter político y al destino de la gente en Europa o en un país tan central como Estados Unidos es lavarse las manos frente al drama y el desafío que tiene la humanidad hoy.

Es un problema seguir impactando de forma negativa al planeta año tras año sin tomar medidas, posponiendo proyectos que son imprescindibles, gigantescas obras públicas de carácter mundial... Lo que estoy

diciendo no es ningún pelotazo. Yo, antes de salir de la cárcel, creo que un par de años antes, alcancé a leer una revista norteamericana donde venía un cálculo de una obra para crear un río nuevo con el deshielo de Alaska por adentro de las Rocallosas hasta el desierto mexicano, para darle agua dulce a California y al norte de México. Y venía calculado, costaba más o menos el presupuesto militar de un año de Estados Unidos. Y no era un novelista que se proponía esto, era un conjunto de técnicos y científicos que habían estudiado el asunto. Y así hay en la actualidad varias obras planteadas en el mundo. Hay tres estados africanos que están planeando un mareducto a través del Sahara. Un sistema de lagos para comunicar los dos océanos y aumentar la evapotranspiración[13]. Llevar agua salada, sí, pero aumentar la evapotranspiración, a la larga, va a incidir en el nivel de lluvia para cambiar el clima en esas regiones. Y hay otros proyectos por el estilo. El hombre puede generar impactos negativos en el planeta, pero también tiene capacidad para generar impactos positivos. Los chinos están construyendo un río para llevar agua a Pekín. Tiene más de 2000 kilómetros y un sistema de cubetas de hormigón que es una cosa increíble. El hombre ahora tiene recursos para eso y también capacidad técnica, pero se precisa un gobierno que se preocupe de estos temas a nivel global y políticas que tengan esa preocupación.

Somos un animal que puede, sencillamente, autodestruirse.

---

13   Cantidad de agua del suelo, que vuelve a la atmósfera como consecuencia de la evaporación y de la transpiración de las plantas.

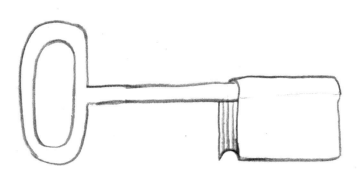

Severi

SE TRATA DE SER SOLIDARIO CON LA ESPECIE HUMANA

Este mundo que se está discutiendo últimamente, de fronteras, en las que algunos quieren hacer muros y todo eso, se va a ir al carajo. Pienso que las fronteras también van a ser un pedazo de la historia de la humanidad. Cuidado, no confundir frontera con nacionalidad. La frontera es una expresión política de carácter territorial. La nacionalidad es una herencia de carácter cultural, histórico, y eso va a existir siempre. El germen de eso está en la naturaleza. Fijate en los teros[14], por ejemplo. Vos mirá al tero: si puede reproducirse en el bañado donde nació, se va a quedar ahí. Y, cuando se va, es por razones de seguridad. Muchos animales tienen ese sentido de lo local. Entonces no hay que confundir el sentimiento de nacionalidad con el sentimiento de Estado amurallado. Claro, todo esto puede que se dé si el mundo no vuela en pedazos. Esa es otra. Algunos personajes andan por ahí jugando a ver quién tiene la bombita más grande...

Creo que es importante darse cuenta de que los pobres de África o la gente que emigra desde Asia Menor ya no son de Libia, Marruecos o de Siria; son de la humanidad. Es la humanidad la que tiene que enfrentar ese problema para que no tengan que disparar, y para que estos lugares no se transformen en una bomba demográfica. Si los números actuales se llegan a prolongar hasta 2050, Nigeria acabará con más población que China. ¿A dónde vamos a parar? ¡Vamos a quedar tapados de gente! ¿Y hay que entenderlo como "ser solidario con los africanos"? ¡No! Se trata de ser solidario con la especie huma-

---

14 Ave zancuda del Cono Sur, de color gris violáceo en el dorso, negro en el pecho y la frente, blanco en el vientre y rojo en las patas; tiene un alto copete negro, y habita en zonas húmedas a campo abierto, cerca de lagunas.

na. No es por el interés de los otros, es por el interés de todos, porque ese problema es una bomba de tiempo. No hay problemas que se puedan aislar y que se arreglen solos. Nada se arregla solo. Y la solución a

Es importante darse cuenta de que los pobres de África o la gente que emigra desde Asia Menor ya no son de Libia, Marruecos o de Siria; son de la humanidad.

estos desafíos tendrá que ver con nuestra actitud y con nuestro compromiso de carácter político, empezando por el ciudadano de a pie que va y vota.

HAY QUE ENSAYAR OTROS CAMINOS Y APRENDER DE LA REALIDAD Y DE LA HISTORIA

¿Se ha visto lucha más heroica que el esfuerzo salvaje y desesperado de la gente durante la Revolución Rusa? Murieron millones de personas. Se jugaron la vida, incluyendo la resistencia durante la Segunda Guerra Mundial. ¡Y después, ni siquiera se pegaron un par de tiros en la Plaza Roja! Se cayó como un palo podrido, apolillado. Algo tan heroico, que costó tanto sacrificio...

Entonces, algo tenés que aprender de eso. Yo creo que por ese lado no va la cosa. No sé por dónde va, pero por ese lado no. Yo puedo llegar a repetir cualquier película, pero esa no. Esa ya la vi y no da resultado. Hay que ensayar otros caminos. Pienso que hay que tener honradez y aprender de la realidad y de la historia. Y, bueno, esto a algunos les cuesta... Es muy duro enfrentar los viejos dogmas y no tomar los dogmas del adversario, porque uno se queda sin el sostén espiritual de los mitos. Y eso no es para cualquiera...

LA RELIGIÓN

Hay que reconocer que en todas las épocas el Homo Sapiens inventó algo en qué creer y eso indica que somos animales utópicos. Tal vez el amor a la vida, como una energía subyacente, nos hace construir un más allá imaginario que prolongue de alguna manera esa vida que amamos.

Me llama la atención, cuando pensamos en el vínculo de la gente con lo divino o religioso *versus* la política, que cualquier promesa que venga de Dios parece más tangible que las promesas de la política. Es paradójico que lo político, humano y concreto se perciba como algo que paga con crédito diferido, mientras que lo religioso y divino parece que pagara al contado. Es sorprendente el esfuerzo que ha hecho la humanidad por cuestiones religiosas. Los más grandes monumentos que hay en el mundo están todos vinculados a la religión. De cualquier edificio europeo, lo más grandioso que hay son las catedrales. ¡Y tardaban 400 años en construir una! Mirá las pirámides, los templos antiguos...

En la actualidad, el avance de algunas variables del cristianismo de origen norteamericano, como los evangélicos, está teniendo un impacto no menor. A uno le da la sensación de que son grupos que operan contra la política. Y, sin embargo, muy frecuentemente asumen una posición política, muchas veces contradictoria con sus principios más básicos.

Es paradójico que lo político, humano y concreto se perciba como algo que paga con crédito diferido, mientras que lo religioso y divino parece que pagara al contado.

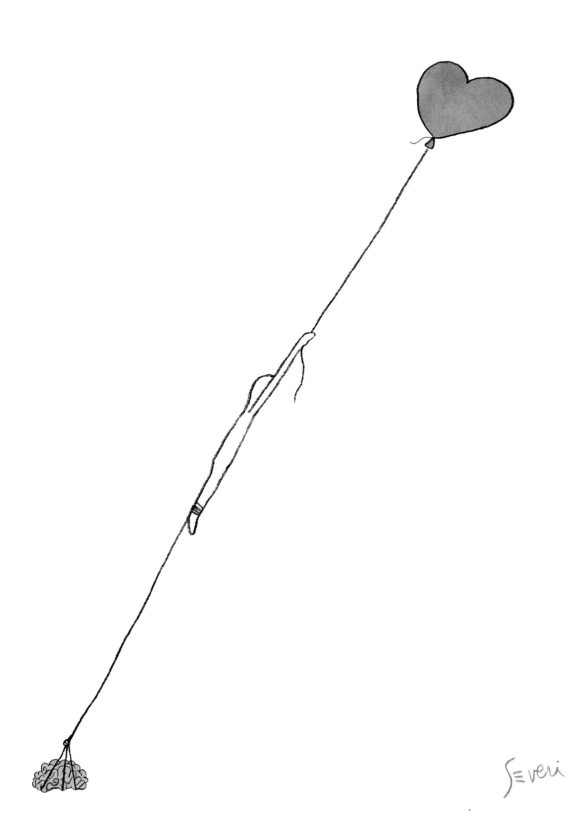

PARTICIPACIÓN ELECTORAL

COMPROMETERSE HASTA MANCHARSE

Yo creo que todo lo que le va a llegar a los votantes es embarullado y entreverado. Porque entreverada es la vida en las sociedades en las que vivimos: los intereses que se contraponen, la multitud de opiniones, Twitter, Facebook... ¡Pobre cristiano, Dios me libre!

Pero primero el individuo debe hacerse la pregunta de si tiene sentido comprometerse con una decisión de carácter político, o si lo que corresponde es cruzarse de brazos y que sean otros los que decidan por él. Esa pregunta se la tiene que hacer cada cual, en el acierto o en el error. Como decía el poeta: comprometerse hasta mancharse[15].

Es cierto que puede haber informaciones contradictorias. Y también hay un espíritu, muy contemporáneo, proclive a criticarlo todo superficialmente y no profundizar ni comprometerse con nada. Porque no se tiene tiempo, porque esto, porque lo otro... Es una linda manera de no tener responsabilidad en la sociedad en la que se vive. Si esa es la sociedad del futuro, seremos una sociedad de corderos. En ese caso no podremos quejarnos de que nos mande la plutocracia.

---

15   Gabriel Celaya (1911-1991), poeta español de la generación literaria de posguerra. Representante de la que se denominó «poesía comprometida» o poesía social. En "La poesía es un arma cargada de futuro", escribía: "Maldigo la poesía concebida como un lujo/ cultural por los neutrales/ que, lavándose las manos, se desentienden y evaden./ Maldigo la poesía de quien no toma partido hasta mancharse".

No podremos quejarnos porque los gobiernos que van a surgir son consecuencia de nuestra indolencia, son un producto nuestro. Los gobiernos no son ni tan buenos ni tan malos, los gobiernos son hijos nuestros, los parimos las sociedades y tienen los defectos que tiene la propia sociedad. Una sociedad de diablos no va a producir un sistema político de ángeles, hay que darse cuenta.

Lo que podemos hacer es pelear para que la política sea cada vez mejor. Pero pelear significa participar, comprometerse, jugársela, mancharse... La otra es una posición cómoda. Abstenerse solo genera que acabe decidiendo una minoría de gente, en general, poderosa. Y, a la corta o a la larga, las decisiones políticas van a incidir en el reparto de los bienes, la construcción de bienes públicos y los caminos para resolver los problemas como la salud y la educación. Sobre esto último, si uno se decide a echar hijos al mundo, que no le pidieron para venir, parece criminal que no nos preocupe el mundo que le va a quedar a esos hijos. ¿Para qué se los trajo al mundo?

No hay que tenerle mucha lástima a la gente, ni mucha piedad. Las personas tienden a acomodarse y a hacer lo más fácil: "Ah, no, es muy complicado, que resuelva otro". No, tenemos que resolverlo todos. De otra manera no vamos a ningún lado. La gente tiene que asumir los costos que tiene la abstención.

Hay un espíritu, muy contemporáneo, proclive a criticarlo todo superficialmente y no profundizar ni comprometerse con nada. Si esa es la sociedad del futuro, seremos una sociedad de corderos.

A VECES TENEMOS QUE ELEGIR ENTRE LO MENOS MALO

El que no vota opta por una forma negativa de participar, "que se arreglen otros, yo no lo elegí". "No, yo no voto porque es todo lo mismo...". Esa posición tiende a darse en las sociedades modernas. Y no se trata de convencer a la gente de que las opciones sobre la mesa son perfectas, no. A veces tenemos que elegir entre lo menos malo, y lo tenemos que hacer a conciencia. Y lo hacemos en otros ámbitos: en lo que consumimos, en el trabajo... ¿Por qué no en política? Los candidatos nunca son "todo lo mismo"; de todas las opciones siempre hay una que encaja mejor con nuestra manera de ver el mundo.

En Estados Unidos parece que a menudo las decisiones políticas fueran mayormente por omisión, no por decisión. Sale un candidato porque la mayoría de la gente no se expresó. La clara mayoría son los que se expresaron en contra más los que no se expresaron; entonces siempre tienen un gobierno de minorías.

Los candidatos nunca son "todo lo mismo"; de todas las opciones siempre hay una que encaja mejor con nuestra manera de ver el mundo.

85

LA DEMOCRACIA SE VALORA CUANDO SE LA PIERDE

A veces parece que los americanos no le den valor a la democracia. Es posible que se haya transformado en una especie de rutina de carácter histórico. Se olvidan o no saben lo que hay atrás. En general, se dice que a la democracia se la valora cuando se la pierde. En Uruguay, por ejemplo, la gente al Parlamento no lo puede ni ver. Sin embargo, cuando el Parlamento cayó, durante la dictadura militar, la gente lo añoraba. Porque el Parlamento es un reflejo de la sociedad. Es el lugar en el que la gente va a llorar las penas y presentar sus quejas. Puede que luego los problemas se resuelvan o no, pero el ciudadano sabe que su queja llegó a un miembro del gobierno. El Parlamento es un poco como el cura de la sociedad, el cura que escucha.

En Estados Unidos parece que a menudo las decisiones políticas fueran mayormente por omisión, no por decisión. Sale un candidato porque la mayoría de la gente no se expresó.

Y no sé si es un problema solo de los americanos, también pasa en Europa. Es posible que les esté costando darse cuenta de que, a esta altura, tienen una responsabilidad de carácter planetario. Esta civilización es cada vez más global y tiene mucho que ver con la historia de ellos, con el modo de vida que han difundido. Hoy hay un conjunto de problemas que son comunes en el mundo entero. Yo no digo que sean los únicos responsables, pero son los que más responsabilidad tienen de la situación actual. Sin dejar de ser ciudadanos americanos o europeos, debieran comenzar por darse cuenta de que son ciudadanos globales, por el lugar en el que están, por el impacto que han tenido y por el que pueden tener. Y eludir la responsabilidad que tienen es lavarse las manos frente al destino del planeta.

LO MÍNIMO QUE LE PODÉS DAR A UN PAÍS ES, CADA 2 O 4 AÑOS, LA EXPRESIÓN DE LO QUE PENSÁS

Ir a votar es el único sacrificio que nos pide la democracia representativa. No todas las semanas o todos los meses, una o dos veces ¡cada 2 o 4 años! ¡Ridículo!

Yo estoy contra el voto voluntario, el voto debería ser siempre obligatorio. Y tiene que serlo porque es lo mínimo que se le puede pedir a la gente. Como ciudadano, lo mínimo que le podés dar a tu país es cada 2 o 4 años la expresión de lo que pensás. Y si ningún candidato te convence, ¡por lo menos votá con el voto nulo! Es clave por la gestualidad que representa, como sentido de pertenencia, como construcción del "nosotros" colectivo. Ser patriota de verdad da trabajo, no alcanza con poner una banderita en el coche o en tu casa y emocionarte con el himno cuando vas al estadio. En las elecciones se decide el rumbo que va a tomar el país y el mundo, y aunque yo esté en contra de esto o lo otro, participo en el "nosotros". Votar es un símbolo de construcción de la nacionalidad y del compromiso de cada ciudadano con la nacionalidad.

Alguna gente dice: "Está bien el voto voluntario porque mejor que vayan los que están convencidos". No. El asunto es que se vayan convenciendo los que no están

Ir a votar es el único sacrificio que nos pide la democracia representativa.

convencidos. La democracia es un ejercicio y, como tal, supone un esfuerzo. Es el ejercicio mínimo que se le pide a la gente. La baja participación es uno de los talones de Aquiles[16] de la democracia contemporánea.

La abstención lo único que va a lograr es más de lo mismo, más vacío. Fomenta el vacío. Ver la baja participación electoral en Estados Unidos es muy triste, porque uno pensaría lo contrario dado el origen de las ideas republicanas y lo que significaron en su historia... Porque con ese criterio nunca hubieran sacado a los ingleses. ¡Total, para qué se van a arriesgar y para qué se van a comprometer!

La sociedad norteamericana tiene sus dilemas, sobre todo la juventud. El gran número de estudiantes universitarios hace pensar en una influencia menos troglodita y más positiva dentro de la política y del conjunto de tradiciones norteamericanas. Pero se ven algunas fobias que hablan de la existencia de una clase media de intereses congelados, muy simplista en su manera de pensar, que cree que la crisis económica es por el intercambio con los chinos o que se quedó sin trabajo por culpa de las maquilas[17] mexicanas... Se come esa pastilla.

Esa simpleza en el análisis es caldo de cultivo para que aparezcan brotes neonacionalistas, ideas como "América primero" o "nos tenemos que ocupar de lo nuestro y los demás que revienten". Es una peligrosa

---

16   Expresión que se emplea para referirse al punto débil de un individuo o cosa. Remite al mito griego del nacimiento de Aquiles, héroe de la Guerra de Troya: su madre lo sumergió en el río Estigia, para hacerlo inmortal. Pero como para sumergirlo lo tomó del talón, esa parte le quedó vulnerable.

17   Sistema económico y de producción que consiste en el ensamblaje de piezas en talleres industriales ubicados en países con mano de obra barata, cuyo resultado son productos que tienen generalmente como destino un país desarrollado.

definición, dada la importancia que tiene un país como los Estados Unidos. Sin embargo, creo que esas actitudes van a ser derrotadas. ¿Por qué van a ser derrotadas? Porque chocan con el mundo y con una voluntad multinacional y multicultural, y esa es la fuerza más grande que existe hoy. Pero estas luchas entre visiones del mundo tan diferentes pueden tener un costo muy alto...

> *La baja participación es uno de los talones de Aquiles de la democracia contemporánea.*

LA DEMOCRACIA NORTEAMERICANA ESTÁ MUY ENFERMA

Hace mucho que da la impresión de que la democracia norteamericana está muy enferma, porque tiene baja preocupación por los problemas políticos, bajísima participación electoral y un notorio descrédito de la cuestión política en términos generales. Es como si la gente pensara que es inútil y que cada cual tiene que arreglar su vida como pueda, que no debe esperar mucho de la política. Esta crisis responde a dos factores: por un lado, el tremendo avance civilizatorio del capitalismo de acumulación en esta etapa tecnológica, que tiende a hacer de nosotros seres cada vez más individuales. Se nota hasta en la forma de la propaganda. Es funcional y es lógico que el capitalismo en esta etapa incentive eso. Por otro lado, el pueblo americano —y la humanidad entera— está enterrando viejos mitos. Está enterrando el mundo de la religión. Está enterrando a Dios. Por más que hay algunos que se llenan la boca hablando de Cristo, de Mahoma o de algún otro personaje por el estilo, no se vive en función de eso. Es posible que

¿Qué hay de plato principal?
¿Y de postre?
Expectativas
Desilusión
Severi

La civilización es la solidaridad destilada de generación en generación, que recibimos cuando nacemos.

muchos esperen un más allá, pero más bien se trata de un: "yo quiero la mía, acá". Se ha perdido el miedo a las religiones. Es una época laica, por lo tanto no tiene el freno moral que impone la religión. Tampoco la esperanza que da la religión, no olvidemos que toda religión no deja de ser una enternecedora utopía.

Entonces, perdido eso, nos queda el Dios Mercado. El Dios Mercado es el que pauta, en general, nuestra vida. ¿Y qué significa esto? Significa que queda por el camino la conciencia de eso que es la herencia más grande que recibimos: la civilización. La civilización es la solidaridad destilada de generación en generación, que recibimos cuando nacemos. Es una construcción de generaciones. Con sus subidas y sus bajadas, nos ha permitido caminar desde aquellos que encontraron el fuego e inventaron la rueda, a la biología molecular. Es la herencia más grande que recibimos cuando nacemos. Pero no somos conscientes de eso, y la pérdida de ese valor nos hace confundir y creer que felicidad y triunfo en la vida es comprar más cosas y tener más riqueza.

LO IMPOSIBLE CUESTA UN POCO MÁS

Nuestra civilización consumista, la sociedad de mercado en la que nos toca vivir hoy, está sometida a este dilema: el crecimiento económico es más o menos aritmético y el crecimiento de la expectativa es geométrico, entonces vivimos eternamente desconformes y deseando más.

Los gobiernos se quieren asegurar la tasa de crecimiento y la expansión de la economía, y cuando la economía exportadora en un país no camina los ministros de Economía se las ingenian para que se remiende la situación mejorando un poquito el mercado interno y que aumente el consumo. La peor desgracia de los economistas modernos es que pare el consumo. Si llega a pasar eso, ¡Dios me libre! Ante esta realidad, naturalmente, tenemos un problema que se ha convertido en cultural...

Mi generación fue ingenua: creyó que la humanidad se cambiaba cambiando las relaciones de producción y distribución, y no apreció el gigantesco valor que tiene la construcción de la cultura. Un sistema no es solo un sistema de propiedad. Es, además, un sistema de ideas y, sobre todo, de hondos sentires subliminales que determinan lo que se hace en cada caso. Eso es parte de lo que compone la cultura y esta cultura tiene más peso que cualquier ejército, es lo que cimenta esta etapa del capitalismo: somos funcionales. Tenemos que asegurarle al sistema que vamos a ser demandantes y, sobre todo, demandantes a crédito; si no tenemos, nos la jugamos.

> *El crecimiento económico es más o menos aritmético y el crecimiento de la expectativa es geométrico, entonces vivimos eternamente desconformes y deseando más.*

Es natural que, con esa mentalidad que tácitamente tenemos, las dificultades o magros logros de la política nos parezcan insoportables. ¿Por qué? Porque son lentos y porque no son en línea recta, están trabados por las dificultades de las contradicciones que tiene la propia sociedad. La sociedad no es un interés de dos o cinco, es un mundo de intereses que interactúa y que tiene choques entre sí.

Y muchas de las soluciones a los problemas son complejas y son lentas, a veces ridículamente lentas. Pero los jóvenes no tienen por qué saber todo esto y lo miran de afuera, y acaban renegando de la política. Un viejo proverbio chino dice: "Lo imposible cuesta un poco más". También está el cuento del "hombre tonto" que movió una montaña... Se le fue la vida moviendo la montaña, pero la movió. Es curioso cómo estas cosas ya no se enseñan en las escuelas...

TEMAS GLOBALES

LA CRISIS ECOLÓGICA ES PREVIAMENTE UNA CRISIS POLÍTICA

El tema más importante a nivel global es asegurarse que vamos a seguir con vida como especie, que vamos a seguir existiendo. Para eso tendríamos que empezar a cuidar más la vida del planeta. Esto no lo puede hacer un solo país, lo tiene que hacer la humanidad entera.

Globalizaciones ha habido varias, el Imperio Romano fue una globalización en su época o el Imperio Chino... Y todas fueron hechas por manos militares. En la actualidad, pensar en una globalización por mano militar en el mundo entero sería destruirlo. Tendrá que ser a través de acuerdos políticos. Y ahí es donde tenemos la crisis: inventamos una cantidad de organismos pero no les damos poder. Y el mundo está necesitando ciertas orientaciones de carácter global.

El mundo está necesitando ciertas orientaciones de carácter global.

No se puede seguir tirando nailon al mar y armando continentes de nailon; o que te digan que en Londres las cloacas se tapan por una bola de grasa de 250 metros de largo... ¡Es de no creer! Los pañales y el aceite de la fritura hicieron una bola de grasa que tapó todo...

Tenemos que aprender a gobernarnos y este es un dilema. Si lo lograremos o no, no lo sé. Me pregunto si estaremos en los límites que tiene la especie. Hemos desatado procesos que tienen un impacto a escala planetaria, pero no somos capaces de controlarlos ni de hacernos cargo. Me refiero a hacernos cargo conscientemente. El mercado y la expansión tecnológica tienden a unificarnos. Todos van a hablar un poco de inglés, nos va gustando una cierta música, tendemos a vestirnos con vaqueros, que ya no son de cáñamo porque duraban mucho, etc. Sin embargo, estamos muy lejos de tener unidad de criterio en algunas cuestiones que son decisivas.

Para mí la crisis ecológica es previamente una crisis política, es la impotencia de autogobernarnos como especie, porque sabemos todo lo que está pasando y sabemos lo que habría que hacer pero no lo hacemos. Este es uno de los problemas más graves.

No sé si estamos al final de un capítulo y está por venir algo completamente distinto. O si los partidos políticos no van a ser lo que estamos acostumbrados a que sean y aparecen nuevas formas, hijas del mundo digital. Me parece que algo de eso hay. Hoy, en parte, los partidos siguen utilizando una especie de barril tradicional en su apariencia, con sus nombres, su cultura, sus tradiciones... Pero el vino que se está colocando adentro del barril es otro. Y tiende a ser otro por influencia del tiempo en que nos toca vivir.

> *Hemos desatado procesos que tienen un impacto a escala planetaria, pero no somos capaces de controlarlos ni de hacernos cargo.*

NECESITAMOS UN MARGEN DE UTOPÍA

Otro tema importante es que necesitamos un margen de utopía, porque creo que el ser humano es antropológicamente utópico. No uso la palabra utopía en el sentido en que la utiliza habitualmente la gente de izquierda. Me refiero a la posibilidad de creer en algo que nos dé esperanza en el futuro y que nos ilumine. Creer en algo que nos permita soñar.

Cuando uno mira cualquier civilización, en cualquier época, lo que más sorprende es que los tipos en cualquier rincón de la Tierra siempre inventaron un pelotazo en el cual creer. Será un tótem, un palo, una piedra, el dios del lago, el de los árboles, el que camina sobre el agua; no importa. Si constantemente este comportamiento se repite en la historia es porque es una necesidad: el Homo Sapiens necesita creer en algo. El problema es que el avance de la civilización técnico-científica y del mercado nos ha despojado de ese "algo". ¿Con qué lo sustituimos? ¿En qué podemos creer? Yo creo que ese algo que ha de iluminarnos y guiarnos es el amor a la vida. De acá al enchufe con la política: la política es el intento de tratar de colaborar con nuestra especie, de dejar algo para los que van a venir. Y no solo por ellos sino por mí, porque lo único que puede quedar es una pequeña molécula en el universo, una expresión del amor a la vida.

Ahora, claramente existen otras opciones porque hay un reflorecimiento de mensajes religiosos contemporáneos. La sociedad norteamericana muestra mucho de esto. Da la impresión de que agarra religiones como refugio. Junto al avance técnico-científico, aparecen religiones por todas partes. Se puede hacer una feria de religiones y que cada uno elija el credo que se le ocurra: variedades cristianas, islámicas, budistas, de todo lo que quieras. ¿Pero por qué se da este

La política es el intento de tratar de colaborar con nuestra especie, de dejar algo para los que van a venir. Y no solo por ellos sino por mí. Una expresión del amor a la vida.

fenómeno? Porque el hombre tiene que creer en algo. Pienso que valdría la pena aprovechar la oportunidad y construir algo en qué creer que fuera menos pelotazo...

PERTENECEMOS AL MILAGRO DE LA VIDA

Lo que estoy planteando, si lo pensamos, no deja de ser una actitud religiosa, porque me estoy refiriendo al amor a la vida, y no solo a la vida humana. Vale mencionar a este respecto que no veo en el universo por qué la vida humana tiene más valor que la de un cascarudo. Eso es opinable. Tiene más valor para nosotros, no sé si los cascarudos tienen la misma opinión.

Entonces hay que reconocer, en primer término, la grandeza que tienen las cosas vivas, todos los seres vivos. Ese salto que significa pasar del mundo inerte, mineral, al mundo vivo. Y que por ser vivo se reproduce y muere. Si pensamos en esto no cuesta darse cuenta de que es una cosa fantásticamente milagrosa. Que ese pastito esté enchufado con el sol, sacando energía, y que de ese pastito vive otro ser vivo y otro y otro... Y es una cadena. Formamos parte de este milagro que es la vida... Que no ha de ser mayoría en el universo: no creo que haya vida solo en la Tierra, pero sí que es una ilustre minoría en las dimensiones que tiene el universo.

En este contexto, y pensando en nuestra vida como especie, me parece

El amor a la vida, en el sentido más profundo, es una causa que merece ser pensada, sentida y respetada. Dedicar una parte del tiempo de nuestra existencia a la política es la forma de demostrar la preocupación por la suerte de los demás seres vivos y de los que van a venir después de nosotros.

que vale la pena transformarla en una experiencia consciente que merece ser querida y adorada; la gente lo necesita. Si no, acaba creyendo en un cuadro de fútbol... Son otras formas de creer, ¿te das cuenta?

La diferencia que tiene el animal humano con respecto a los otros animales no es que sea mejor ni peor; es que hasta cierto punto puede darle rumbo a su vida.

Entonces, el amor a la vida, en el sentido más profundo, es una causa que merece ser pensada, sentida y respetada. Dedicar una parte del tiempo de nuestra existencia a la política es la forma de demostrar la preocupación por la suerte de los demás seres vivos y de los que van a venir después de nosotros. No es la única forma, pero seguramente es una de las más importantes. La diferencia que tiene el animal humano con respecto a los otros animales no es

Luchar por lo que creemos es también una forma de darle contenido a la existencia.

que sea mejor ni peor; es que hasta cierto punto puede darle rumbo a su vida. Los otros animales son más ingenuos, por eso son más puros, mucho más auténticos que nosotros. Pero tienen esa limitación.

LA FORMA SOCIAL DE RESPONDERLE A LA ESPECIE ES TENER COMPROMISOS POLÍTICOS

A menudo le digo esto a la gente joven: vale la pena sacrificar una parte del tiempo de su vida a favor de construir causas políticas, de construir seres colectivos, de crear familias de pensamiento, de luchar por lo que creemos... Es también una forma de darle contenido a la existencia. Porque de lo contrario la existencia va a estar dominada por el mercado. ¿Somos libres cuando se nos impone una cultura de consumo y gasto desenfrenado?

Si no te gusta la política, lo mejor es luchar por una política distinta. Organizate con tus iguales, tratá de unirte con los que piensan parecido, buscá crecer. No hay vuelta: para las causas importantes hay que poner masa, músculo; se necesitan colectivos grandes y esto es difícil. Pero, ¿cuál es la alternativa? Me puedo sentar en una plaza o en el bar y criticarlo todo, pero lo único que hago es utilizar lo que recibí y no dejo nada o, incluso más grave, ni siquiera intento dejar nada.

Me parece que humanamente hay que apuntar a mejorar eso que hemos recibido, para nosotros y sobre todo para los que van a venir. No se paga para atrás, se paga algo para adelante. La naturaleza, la vida, nuestros antepasados más remotos nos dieron mucho, algo tenemos que dar en retorno, porque supongo que hay una fidelidad de especie.

Dicen que la religión contemporánea es el humanismo. Tengo mis dudas, pero bueno, demos esa idea por buena. Si es el humanismo, entonces mucho más: hay que pensar en los hombres que van a venir, algunos incluso serán nuestros descendientes. Se puede vivir prescindiendo de todo, como un perfecto egoísta, renegando de todo también. Eso existe, a veces es una opción de vida que cada cual hace. Lo puede hacer a conciencia o tácitamente. También se puede vivir dejando que

> *Humanamente hay que apuntar a mejorar eso que hemos recibido, para nosotros y sobre todo para los que van a venir. No se paga para atrás, se paga algo para adelante.*

La forma social de responderle a la especie es tener compromisos políticos; es, como mínimo, ejercer el derecho al voto.

te dirija el mercado, que te lleven como una oveja a donde decidan otros. Entonces, llegás primero, sos triunfador porque pagaste muchas cuotas para comprarte un auto 0 km, terminaste teniendo la casa grande en la playa y todo lo demás y sentís que triunfaste en la vida... Es una forma de vivir. Por mi parte, creo que la forma social de responderle a la especie es tener compromisos políticos; es, como mínimo, ejercer el derecho al voto.

La suerte de la especie, la suerte de la polis, la suerte del "nosotros", del género humano, es lo que está en juego. No se puede renunciar a eso. O no deberíamos renunciar a eso. ¿Por qué? Porque es enorme lo que hemos recibido.

HAY QUE TENERLE AMOR A LA VIDA

Yo soy muy crítico con la realidad, pero no tanto como para no reconocer el bien que hemos recibido. Vivimos 40 años más de vida en promedio de lo que se vivía hace 150 años. ¡40 años más de vida! Y eso se lo debemos al avance técnico-científico. Pero el motor del avance técnico-científico fue la codicia. Hay que llamar a las cosas como son: la energía por multiplicar los recursos domesticó a la ciencia y la puso a trabajar atrás de determinados objetivos que daban una solución pero también daban ganancias y poder. Es una contradicción con la que hay que aprender a vivir.

Esto es como aprender a cruzar la calle: el tráfico no va a dejar de existir. Tenés que aprender a cruzar la calle y que no te pisen. Sencillamente. Aprender a andar en esta vida y que no te arrastren. No puede ser que una campaña de "compre esto" o "compre lo otro" nos esclavice en masa. Agarran a un viejo como yo y le trabajan la cabeza con la bicicleta de esto y el músculo del abdomen que se te va a ir para atrás, y las arrugas, y la crema que te vas a poner... ¡Y la gente entra! ¡La gente entra! ¡Compre ya! ¿Y por qué las empresas gastan en esa propaganda? ¡Porque les da resultado! Quiere decir que nos arrean a versos, como si fuéramos ovejas. Esto, en Estados Unidos, tiene una mayor gravedad. El marketing al que nos someten en Uruguay es infantil al lado de lo que les hacen a ellos. El norteamericano medio se enfrenta cada día a un ejército de profesionales dedicados a venderle algo que no necesita; es la ciencia de la psicología al servicio del consumo. Pobres norteamericanos... no es fácil.

¿Y EL FUTURO?

Yo no puedo cambiar el mundo, puedo pelear para que el mundo no me chupe, no me lleve para el mismo matadero. Y creo que vale la pena luchar por eso. Creo que la gente joven es sensible a esto. En todo el mundo, la gente joven va entendiendo estos problemas: en Estados Unidos, Japón, Turquía, Alemania, Inglaterra, México, Brasil, en todas partes... No es un problema de los Estados Unidos, es un problema mundial. La gente joven es la que está más cerca de entenderlo. No quiere decir que pueda enfrentarlo o domi-

Yo no puedo cambiar el mundo, puedo pelear para que el mundo no me chupe, no me lleve para el mismo matadero. Y creo que vale la pena luchar por eso.

narlo, pero es consciente de que este animal existe. Por eso no todo está perdido.

Si la democracia del futuro progresa, debiéramos tener un mundo cada vez más comunal, más de escala humana, más perceptible. Con una aguda descentralización del poder y de las decisiones. Creo que es posible desde el punto de vista técnico, por lo que significa el advenimiento de los medios modernos de comunicación. Yo no creo que la democracia representativa vaya a permanecer institucionalmente mucho tiempo como está. Creo que la revolución de las comunicaciones y la informática, a la corta o a la larga, va a generar nuevas formas de participación.

> **Si la democracia del futuro progresa, debiéramos tener un mundo cada vez más comunal, más de escala humana.**

A su vez, y en contraposición con esto, está la inevitable globalización. Algo tan evidente como la ley de gravedad, te guste o no te guste, te venga bien o no te venga bien, no importa. La globalización va a empujar a que se adopten formas y decisiones de carácter institucional que van a tender a cubrir el orbe entero. A la corta o a la larga, institucionalmente y en el campo jurídico, las cosas se tendrán que acomodar a estos cambios.

> **Hay que tenerle amor a la vida. Sabemos que es pasajera y que es corta. Tenerle amor a la vida significa una deuda con la vida y una deuda con la vida es preocuparnos por el mundo que dejamos a los que vienen.**

Es mucho lo que hemos recibido como para dedicarnos solo a consumir y pagar cuotas. Me parece que hay que tenerle amor a la vida. Sabemos que es pasajera y que es corta. Tenerle amor a la vida significa una deuda con la vida y una deuda con la vida es preocuparnos por el mundo que dejamos a los que vienen. Algún granito de arena tenemos que intentar aportar a ese capital de civilización que hemos recibido. Eso es darle un sentido a nuestra vida. Y una vida con sentido es vecina de la felicidad.

Llegados a un punto debe haber un momento de balance, y en el momento de balance uno tendría que plantearse esta disyuntiva: si has tenido una vida, ¿para qué? ¿Para qué has vivido? ¿Para pagar cuentas? ¿O, además de pagar cuentas, has intentado −no digo que lo hayas logrado−, has intentado hacer algo para que la suerte de los que van a venir sea un poquito mejor?

DISCURSOS

DISCURSO PRONUNCIADO ANTE LA ORGANIZACIÓN DE LAS NACIONES UNIDAS

68ª ASAMBLEA GENERAL DE LA ONU
NUEVA YORK, 24 DE SEPTIEMBRE DE 2013

Amigos todos:

Soy del sur, vengo del sur. Esquina del Atlántico y del Plata. Mi país es una penillanura suave, templada, pecuaria. Su historia es de puertos, cueros, tasajo, lanas y carne. Tuvo décadas púrpuras, de lanzas y caballos, hasta que por fin, al arrancar el siglo XX, se puso a ser vanguardia en lo social, en el Estado, en la enseñanza. Diría que la socialdemocracia se inventó en el Uruguay.

Durante casi 50 años, el mundo nos vio como una especie de Suiza. En realidad, en lo económico fuimos bastardos del imperio británico y, cuando este sucumbió, vivimos las amargas mieles de términos de intercambio funestos, y quedamos estancados añorando el pasado. Casi 50 años recordando el Maracaná, nuestra hazaña deportiva. Hoy hemos resurgido en este mundo globalizado, tal vez aprendiendo de nuestro dolor.

Mi historia personal, la de un muchacho –porque alguna vez fui muchacho– que como otros quiso cambiar su época y su mundo, tras un sueño de una sociedad libertaria y sin clases. Mis errores son en parte hijos de mi tiempo. Obviamente los asumo, pero hay veces que me grito con nostalgia: ¡quién tuviera la fuerza de cuando éramos capaces de albergar tanta utopía! Sin embargo, no miro hacia atrás porque el hoy real nació en las cenizas fértiles del ayer. Por el contrario, no vivo para cobrar cuentas o reverberar recuerdos. Me angustia, y de qué manera, el porvenir que no veré, y por el que me comprometo. Sí, es posible un mundo con una humanidad mejor, pero tal vez hoy la primera tarea sea salvar la vida.

Pero soy del sur y vengo del sur, a esta asamblea. Cargo inequívocamente con los millones de compatriotas pobres, en las ciudades, en los páramos, en las selvas, en las pampas, en los socavones de la América Latina, patria común que se está haciendo.

Mujica hablando en la Asamblea General de la ONU. (UN Photo/SARAH FRETWELL)

Cargo con las culturas originales aplastadas, con los restos del colonialismo en Malvinas, con bloqueos inútiles a ese caimán bajo el sol del Caribe que se llama Cuba. Cargo con las consecuencias de la vigilancia electrónica, que no hace otra cosa que sembrar desconfianza. Desconfianza que nos envenena inútilmente. Cargo con una gigantesca deuda social; con la necesidad de defender la Amazonia, los mares, nuestros grandes ríos de América.

Cargo con el deber de luchar por patria para todos. Y para que Colombia pueda encontrar el camino de la paz.

Cargo con el deber de luchar por tolerancia; la tolerancia se precisa para con aquellos que son distintos, y con los que tenemos diferencias y discrepamos. No se precisa la tolerancia para los que estamos de acuerdo. La tolerancia es el fundamento de poder convivir en paz, y entendiendo que en el mundo somos diferentes.

El combate a la economía sucia, al narcotráfico, a la estafa, el fraude y la corrupción, plagas contemporáneas, prohijadas por ese antivalor, ese que sostiene que somos más felices si nos enriquecemos sea como sea. Hemos sacrificado los viejos dioses inmateriales. Y ocupamos el templo con el dios mercado; él nos organiza la economía, la política, los hábitos, la vida, y hasta nos financia, en cuotas y tarjetas, la apariencia de felicidad.

Parecería que hemos nacido solo para consumir y consumir, y cuando no podemos, cargamos con la frustración, la pobreza y hasta la autoexclusión.

Lo cierto hoy es que para gastar y enterrar los detritos en eso que se llama la huella de carbono por la ciencia, si aspiráramos en esta humanidad a consumir como un americano medio promedio, serían imprescindibles tres planetas para poder vivir.

Es decir, nuestra civilización montó un desafío mentiroso y, así como vamos, no es posible para todos colmar ese sentido de despilfarro que se le ha dado a la vida. En los hechos se está masificando como una cultura de nuestra época, siempre dirigida por la acumulación y el mercado.

Prometemos una vida de derroche y despilfarro. Esto en el fondo constituye una cuenta regresiva contra la naturaleza y contra la humanidad como futuro. Civilización contra la sencillez, contra la sobriedad, contra todos los ciclos naturales. Pero, aun peor, civilización contra la libertad que supone tener tiempo para vivir las relaciones humanas, lo único trascendente: amor, amistad, aventura, solidaridad, familia. Civilización contra el tiempo libre, que no paga, que no se compra, y que nos permite contemplar y escudriñar el escenario de la naturaleza.

Arrasamos las selvas, las selvas verdaderas, e implantamos selvas anónimas de cemento. Enfrentamos al sedentarismo con caminadores, al insomnio con pastillas, a la soledad con electrónica. ¿Es que acaso somos felices alejados del entorno humano? Cabe hacerse esta pregunta.

Aturdidos, huimos de nuestra biología, que defiende la vida por la vida misma, como causa superior, y la suplantamos por el consumismo funcional a la acumulación.

La política, la eterna madre del acontecer humano, quedó engrillada a la economía y al mercado; de salto en salto la política no puede más que perpetuarse, y como tal delegó el poder y se entretiene, aturdida, luchando por el gobierno. Desbocada marcha de historieta humana, comprando y vendiendo todo, e innovando para poder negociar de algún modo lo que es innegociable. Hay marketing para todo: para los cementerios, los servicios fúnebres, las maternidades; para padres, para madres, pasando por las secretarias, los autos y las vacaciones. Todo, todo es negocio.

Todavía las campañas de marketing caen deliberadamente sobre los niños y su psicología, para influir sobre los mayores y tener hacia el futuro un territorio asegurado. Sobran pruebas de estas tecnologías bastante abominables que, a veces, conducen a las frustraciones y más.

El hombrecito promedio de nuestras grandes ciudades deambula entre las financieras y el tedio rutinario de las oficinas, a veces atemperadas con aire acondicionado. Siempre sueña con las vacaciones y la libertad, siempre sueña con concluir las cuentas, hasta que un día, el corazón se para, y adiós. Habrá otro soldado cubriendo las fauces del mercado, asegurando la acumulación. Es que la crisis es la impotencia, la impotencia de la política, incapaz de entender que la humanidad no se escapa ni se escapará del sentimiento de nación. Sentimiento que casi está incrustado en nuestro código genético, de algún lado somos...

Pero hoy es tiempo de empezar a batallar para preparar un mundo sin fronteras. La economía globalizada no tiene otra conducción que el interés privado, de muy pocos, y cada Estado nacional mira su estabilidad continuista, y hoy la gran tarea para nuestros pueblos, en mi humilde manera de ver, es el todo.

Como si esto fuera poco, el capitalismo productivo, francamente productivo, está medio prisionero en la caja de los grandes bancos, que en el fondo son la cúspide del poder mundial. Más claro: creemos que el mundo requiere a gritos reglas globales que respeten los logros de la ciencia, que abundan. Pero no es la ciencia la que gobierna al mundo. Se precisa, por ejemplo, una larga agenda de definiciones: ¿Cuántas horas de trabajo en toda la Tierra? ¿Cómo convergen las monedas? ¿Cómo se financia la lucha global por el agua, y contra los desiertos? ¿Cómo se recicla y se presiona contra el calentamiento global? ¿Cuáles son los límites de cada gran quehacer humano?

Sería imperioso lograr consensos planetarios para desatar solidaridad hacia los más oprimidos, castigar impositivamente el despilfarro y la especulación. Movilizar las grandes economías, no para crear descartables, con obsolescencia calculada, sino bienes útiles, sin frivolidades, para ayudar a levantar a los pobres del mundo. Bienes útiles contra la pobreza mundial. Mil veces más redituable que hacer guerras es volcar un neokeynesianismo útil de escala planetaria, para abolir las vergüenzas más flagrantes que tiene este mundo.

Tal vez nuestro mundo necesita menos organismos mundiales, esos que organizan los foros y las conferencias, que les sirven mucho a las cadenas hoteleras y a las compañías aéreas, pero que en la mayoría de los casos nadie recoge y transforma en decisiones concretas....

Necesitamos, sí, mascar mucho lo viejo y eterno de la vida humana junto a la ciencia, esa ciencia que se empeña por la humanidad, no para hacerse rica; con ellos, con los hombres de ciencia de la mano, primeros consejeros de la humanidad, establecer acuerdos por el mundo entero. Ni los Estados nacionales grandes, ni las transnacionales y mucho menos el sistema financiero deberían gobernar el mundo humano. Sí la alta política, entrelazada con la sabiduría científica; allí está la fuente. Esa ciencia que no apetece el lucro, pero que mira el porvenir y nos dice cosas que no atendemos. ¿Cuántos años hace que nos dijeron en Kioto determinadas cosas y no nos dimos por enterados? Creo que hay que convocar la inteligencia al comando de la nave arriba de la Tierra; cosas de este estilo y otras que no puedo desarrollar nos parecen imprescindibles, pero requerirían que lo determinante fuera la vida, no la acumulación.

Obviamente, no somos tan ilusos; estas cosas no pasarán, ni otras parecidas. Nos quedan muchos sacrificios inútiles por delante, mucho remendar consecuencias y no enfrentar las causas. Hoy el mundo es incapaz de crear regulación planetaria a la globalización, y esto es por el debilitamiento de la alta política, esa que se ocupa del todo. Por un tiempo vamos a asistir al refugio de acuerdos más o menos regionales, que van a plantear un mentiroso libre comercio interno, pero que en el fondo van a terminar construyendo parapetos proteccionistas, supranacionales, en algunas regiones del planeta. A su vez van a crecer ramas industriales de importancia y servicios dedicados a salvar y mejorar al medioambiente. Así nos vamos a consolar por un tiempo, vamos a estar entretenidos y naturalmente va a continuar impertérrita la acumulación, para regodeo del sistema financiero.

Continuarán las guerras y por tanto los fanatismos hasta que, tal vez, la naturaleza la llame al orden y haga inviable a nuestra civilización. Tal vez nuestra visión es demasiado cruda, sin piedad, y vemos al hombre como una criatura única, la única que hay arriba de la Tierra capaz de ir contra su propia especie. Vuelvo a repetir: lo que algunos llaman la crisis ecológica del planeta es consecuencia del triunfo avasallante de la ambición humana. Ese es nuestro triunfo y también nuestra derrota. Porque tenemos impotencia política de encuadrarnos en una nueva época que hemos contribuido a construir. Y no nos damos cuenta...

¿Por qué digo esto? Son datos, nada más. Lo cierto es que la población se cuadriplicó y el PBI creció por lo menos veinte veces en el último siglo. Desde 1990 aproximadamente, cada seis años se duplica el comercio mundial. Podríamos seguir anotando datos que establecen con claridad la marcha de la globalización. ¿Qué nos está pasando? Entramos en otra época aceleradamente, pero con políticos, atavíos culturales, partidos y jóvenes que son todos viejos ante la pavorosa acumulación de cambios. Cambios que ni siquiera podemos registrar. No podemos manejar la globalización, porque nuestro pensamiento no es global. No sabemos si es una limitante cultural o estamos llegando a nuestros límites biológicos.

Nuestra época es portentosamente revolucionaria, como no ha conocido la historia de la humanidad. Pero no tiene conducción consciente o, menos, conducción simplemente instintiva. Mucho menos todavía, conducción política organizada, porque ni siquiera hemos tenido filosofía precursora ante la velocidad de los cambios que se acumularon.

La codicia, tan negativa y tan motor de la historia, esa que empujó hacia el progreso material, técnico y científico, ha hecho lo que es nuestra época y nuestro tiempo: un fenomenal adelanto en muchos frentes. Paradójicamente, esa misma herramienta, la codicia que nos empujó a domesticar a la ciencia y transformarla en tecnología, nos precipita a un abismo brumoso, a una historia que no conocemos, a una época sin historia. Y nos estamos quedando sin ojos ni inteligencia colectiva para seguir colonizando y perpetuarnos, transformándonos. Porque si una característica tiene este bichito humano, es que es un conquistador antropológico. Parece que las cosas toman autonomía y ahora las cosas someten a los hombres. Por un lado u otro, sobran atisbos para vislumbrar estas cosas o, en todo caso, vislumbrar el rumbo. Pero nos resulta imposible colectivizar decisiones globales por ese todo. Más claro:

la codicia individual ha triunfado largamente sobre la codicia superior de la especie.

Aclaremos: ¿qué es el todo, esa palabra que utilizamos? Para nosotros, es la vida global del sistema Tierra, incluyendo la vida humana con todos los equilibrios frágiles que hacen posible que nos perpetuemos. Por otro lado, más sencillo, menos opinable y más evidente −en nuestro Occidente, particularmente−, porque de ahí venimos aunque venimos del sur, las repúblicas que nacieron para afirmar que los hombres somos iguales, que nadie es más que nadie, que sus gobiernos deberían representar el bien común, la justicia y la equidad. Muchas veces, las repúblicas se deforman y caen en el olvido de la gente corriente, la que anda por las calles, el pueblo común.

No fueron las repúblicas creadas para vegetar encima de la grey sino, por el contrario, son un grito en la historia para ser funcionales a la vida de los propios pueblos y, por lo tanto, las repúblicas se deben a las mayorías y a luchar por la promoción de las mayorías.

Por lo que fuera, por reminiscencias feudales que están allí en nuestra cultura, por clasismo dominador, tal vez por la cultura consumista que nos rodea a todos, las repúblicas frecuentemente en sus direcciones adoptan un diario vivir que excluye, que pone distancia con el hombre de la calle.

En los hechos, ese hombre de la calle debería ser la causa central de la lucha política en la vida de las repúblicas. Los gobiernos republicanos deberían parecerse cada vez más a sus respectivos pueblos en la forma de vivir y en la forma de comprometerse con la vida.

El hecho es que cultivamos arcaísmos feudales, cortesanismos consentidos, hacemos diferenciaciones jerárquicas que en el fondo socavan lo mejor que tienen las repúblicas: que nadie es más que nadie. El juego de estos

y otros factores nos retienen en la prehistoria. Y hoy es imposible renunciar a la guerra cuando la política fracasa. Así se estrangula la economía y derrochamos recursos.

Oigan bien, queridos amigos: en cada minuto del mundo se gastan dos millones de dólares en presupuestos militares en esta Tierra. ¡Dos millones de dólares por minuto en presupuesto militar! La investigación médica de todas las enfermedades, que ha avanzado enormemente y es una bendición para la promesa de vivir unos años más, esa investigación apenas cubre la quinta parte de la investigación militar.

Este proceso, del cual no podemos salir, es ciego. Asegura odio y fanatismo, desconfianza; es fuente de nuevas guerras y derroche de fortunas. Yo sé que es muy fácil, poéticamente, autocriticarnos racionalmente. Y creo que sería una inocencia en este mundo plantear que allí existen recursos para ahorrar y gastarlos en otras cosas útiles. Eso sería posible, otra vez, si fuéramos capaces de ejercitar acuerdos mundiales y prevenciones mundiales de políticas planetarias que nos garanticen la paz y que nos den, a los más débiles, garantías que no tenemos. Ahí habría enormes recursos para recortar y atender las mayores vergüenzas arriba de la Tierra. Pero basta una pregunta: en esta humanidad, hoy, ¿adónde se iría sin la existencia de esas garantías planetarias? Entonces cada cual hace vela de armas de acuerdo con su magnitud. Y allí estamos... porque no podemos razonar como especie, apenas como individuos.

Las instituciones mundiales, particularmente hoy, vegetan a la sombra consentida de las disidencias de las grandes naciones que, obviamente, quieren retener su cuota de poder. Bloquean en los hechos a esta ONU, que fue creada con una esperanza y como un sueño de paz para la humanidad. Pero peor aun, la desarraigan de la democracia en el sentido planetario, porque no somos iguales. No podemos ser iguales en este mundo donde hay más fuertes y más débiles. Por lo tanto es una democracia planetaria herida. Está cercenada la historia de un posible acuerdo mundial de paz, militante, combativo y que verdaderamente exista. Y entonces, remendamos enfermedades allí donde hacen eclosión y se presentan, según les parezca a algunas de las grandes potencias. Los demás miramos desde lejos. No existimos.

Amigos, yo creo que es muy difícil inventar una fuerza peor que el nacionalismo chovinista de las grandes potencias. La fuerza que es liberadora de los débiles. El nacionalismo tan padre de los procesos de descolonización, formidable hacia los débiles, se transforma en una herramienta opresora en las manos de los fuertes y vaya que en los últimos 200 años hemos tenido ejemplos por todas partes.

La ONU, nuestra ONU, languidece. Se burocratiza por falta de poder y de autonomía, de reconocimiento y sobre todo de democracia hacia el mundo más débil, que constituye la mayoría aplastante del planeta. Pongo un pequeño ejemplo, pequeñito. Nuestro pequeño país tiene, en términos absolutos, la mayor cantidad de soldados en misiones de paz de los países de América Latina desparramados por el mundo. Y allí estamos, donde nos piden que estemos. Pero somos pequeños, débiles. Donde se reparten los recursos y se toman las decisiones no entramos ni para servir el café.

En lo más profundo de nuestro corazón, existe un enorme anhelo de ayudar para que el hombre salga de la prehistoria. Yo defino que el hombre, mientras viva con climas de guerra, está en la prehistoria, a pesar de los muchos artefactos que pueda construir.

Hasta que el hombre no salga de esa prehistoria y archive la guerra como recurso cuando la política fracasa, esa es la larga marcha y el desafío que tenemos por delante. Y lo decimos con conocimiento de causa. Conocemos las soledades de la guerra. Sin embargo, estos sueños, estos desafíos que están en el horizonte implican luchar por una agenda de acuerdos mundiales que empiecen a gobernar nuestra historia y superar, paso a paso, las amenazas a la vida. La especie como tal debería tener un gobierno para la humanidad que supere el individualismo y bregue por recrear cabezas políticas que acudan al camino de la ciencia y no solo a los intereses inmediatos que nos están gobernando y ahogando.

Paralelamente, hay que entender que los indigentes del mundo no son de África o de América Latina; son de la humanidad toda y esta debe, como tal, globalizada, propender a empeñarse en su desarrollo, en que puedan vivir con decencia por sí mismos. Los recursos necesarios existen, están en ese depredador despilfarro de nuestra civilización.

Hace pocos días le hicieron ahí, en California, en una agencia de bomberos un homenaje a una bombita eléctrica que hace 100 años que está prendida. ¡100 años que está prendida, amigos! Cuántos millones de dólares nos sacaron del bolsillo haciendo deliberadamente porquerías para que la gente compre, y compre, y compre, y compre...

Pero esta globalización de mirar por todo el planeta y por toda la vida significa un cambio cultural brutal. Es lo que nos está requiriendo la historia. Toda la base material ha cambiado y ha tambaleado; pero los hombres, con nuestra cultura, permanecemos como si no hubiera pasado nada. Y en lugar de gobernar la globalización, esta nos gobierna a nosotros. Hace más de 20 años que discutíamos la humilde tasa Tobin. Imposible aplicarla a nivel del planeta. Todos los bancos del poder financiero se levantan heridos en su propiedad privada y qué sé yo cuántas cosas más. Sin embargo, esto es lo paradójico. Sin embargo, con talento, con trabajo colectivo, con ciencia, el hombre paso a paso es capaz de transformar en verde los desiertos.

El hombre puede llevar la agricultura al mar. El hombre puede crear vegetales que vivan con agua salada. La fuerza de la humanidad se concentra en lo esencial. Es inconmensurable. Allí están las más portentosas fuentes de energía. ¿Qué sabemos de la fotosíntesis? Casi nada. La energía en el mundo sobra si trabajamos para usarla con ella. Es posible arrancar de cuajo toda la indigencia del planeta. Es posible crear estabilidad y será posible, a generaciones venideras, si logran empezar a razonar como especie y no solo como individuos, llevar la vida a la galaxia y seguir con ese sueño conquistador que llevamos en nuestra genética los seres humanos.

Pero para que todos esos sueños sean posibles, necesitamos gobernarnos a nosotros mismos o sucumbiremos. Porque no somos capaces de estar a la altura de la civilización que en los hechos fuimos desarrollando. Este es nuestro dilema. No nos entretengamos solos remendando consecuencias. Pensemos en las causas de fondo, en la civilización del despilfarro, en la civilización del "use y tire", que lo que está tirando es tiempo de vida humana malgastado, derrochando en cuestiones inútiles. Piensen que la vida humana es un milagro. Que estamos vivos por milagro y nada vale más que la vida. Y que nuestro deber biológico es, por encima de todas las cosas, respetar la vida e impulsarla, cuidarla, procrearla y entender que la especie es nuestro nosotros.

DISCURSO PRONUNCIADO EN RÍO DE JANEIRO

CONFERENCIA DE DESARROLLO SOSTENIBLE DE LAS NACIONES UNIDAS, 20 DE JUNIO DE 2012

Autoridades presentes de todas las latitudes y organismos:

Muchas gracias. Muchas gracias al pueblo de Brasil y a su señora presidenta, Dilma Rousseff. Muchas gracias a la buena fe que, seguramente, han manifestado todos los oradores que me precedieron. Expresamos la íntima voluntad, como gobernantes, de acompañar todos los acuerdos que esta, nuestra pobre humanidad, pueda suscribir.

Sin embargo, permítasenos hacer algunas preguntas en voz alta. Toda la tarde se ha estado hablado del desarrollo sustentable. De sacar a inmensas masas de la pobreza. ¿Qué es lo que aletea en nuestras cabezas? ¿El modelo de desarrollo y de consumo, que es el actual de las sociedades ricas?

Me hago esta pregunta: ¿qué le pasaría a este planeta si los habitantes de la India tuvieran la misma proporción de autos por familia que tienen los alemanes? ¿Cuánto oxígeno nos quedaría para poder respirar? Más claro: ¿el mundo tiene hoy los elementos materiales como para hacer posible que 7000 u 8000 millones de personas pue-

dan tener el mismo grado de consumo y de despilfarro que tienen las más opulentas sociedades occidentales? ¿Será posible? ¿O tendremos que darnos, algún día, otro tipo de discusión? Porque hemos creado una civilización, en la que estamos, hija del mercado, hija de la competencia, y que ha deparado un progreso material portentoso y explosivo. Pero esta economía de mercado ha creado sociedades de mercado. Y nos ha deparado esta globalización, que significa mirar por todo el planeta.

¿Estamos gobernando la globalización o la globalización nos gobierna a nosotros? ¿Es posible hablar de solidaridad y de que "estamos todos juntos" en una economía basada en la competencia despiadada? ¿Hasta dónde llega nuestra fraternidad?

Nada de esto lo digo para negar la importancia de este evento. No, por el contrario: el desafío que tenemos por delante es de una magnitud de carácter colosal y la gran crisis no es ecológica, es política.

El hombre no gobierna hoy a las fuerzas que ha desatado, sino que las fuerzas que ha desatado gobiernan al hombre. Y a la vida. Porque no venimos al planeta para desarrollarnos en términos generales. Venimos a la vida intentando ser felices. Porque la vida es corta y se nos va. Y ningún bien vale como la vida y esto es lo elemental. Pero si la vida se me va a escapar trabajando y trabajando para consumir un "plus" y la sociedad de consumo es el motor —porque, en definitiva, si se paraliza el consumo, se detiene la economía, y si se detiene la economía, aparece el fantasma del estancamiento para cada uno de nosotros—, pero ese hiperconsumo, a su vez, es el que está agrediendo al planeta. Y tienen que generar ese hiperconsumo, y que las cosas duren poco, porque hay que vender mucho. Y una lamparita eléctrica, entonces, no puede durar más de 1000 horas encendida. ¡Pero hay lamparitas que pueden durar 100 mil o 200 mil horas encendidas! Pero esas no se pueden hacer porque el problema es el mercado, porque tenemos que trabajar y tenemos que sostener una civilización del "use y tire", y así estamos en un círculo vicioso.

Estos son problemas de carácter político que nos están diciendo que es hora de empezar a luchar por otra cultura. No se trata de plantearnos el volver a la época del hombre de las cavernas, ni de tener un "monumento al atraso". Pero no podemos seguir indefinidamente, continuar gobernados por el mercado, sino que tenemos que gobernar al mercado.

Por eso digo, en mi humilde manera de pensar, que el problema que tenemos es de carácter político. Los viejos pensadores –Epicuro, Séneca o incluso los aymaras– definían: pobre no es el que tiene poco, sino que verdaderamente pobre es el que necesita infinitamente mucho, y desea más y más. Esta es una clave de carácter cultural.

Entonces, voy a saludar el esfuerzo y los acuerdos que se hacen. Y los voy a acompañar, como gobernante. Y sé que algunas cosas de las que estoy hablando "rechinan". Pero tenemos que darnos cuenta de que la crisis del agua y de la agresión al medioambiente no es una causa. La causa es el modelo de civilización que hemos montado. Y lo que tenemos que revisar es nuestra forma de vivir.

Pertenezco a un pequeño país muy bien dotado de recursos naturales para vivir. En mi país hay poco más de 3 millones de habitantes. Pero hay unos 13 millones de vacas, de las mejores del mundo. Y unos 8 o 10 millones de ovejas estupendas. Mi país es exportador de comida, de lácteos, de carne. Es una penillanura y casi el 90% de su territorio es aprovechable. Mis compañeros trabajadores lucharon mucho por las 8 horas de trabajo. Y ahora están consiguiendo las 6 horas. Pero el que tiene 6 horas, se consigue dos trabajos; por lo tanto, trabaja más que antes. ¿Por qué? Porque tiene que pagar una cantidad de cuotas: la moto, el autito, y pague cuotas y cuotas, y cuando se quiere acordar, es un viejo reumático −como yo− al que se le fue la vida.

Y uno se hace esta pregunta: ¿ese es el destino de la vida humana? Estas cosas que digo son muy elementales: el desarrollo no puede ser en contra de la felicidad. Tiene que ser a favor de la felicidad humana; del amor arriba de la Tierra, de las relaciones humanas, del cuidado de los hijos, de tener amigos, de tener lo elemental.

Precisamente porque ese es el tesoro más importante que tenemos: la felicidad. Cuando luchamos por el medioambiente, tenemos que recordar que el primer elemento del medioambiente se llama felicidad humana.

Gracias.